先生、ぼくら、しょうがいじなん？

「特別支援教育」という幻想

成沢真介

現代書館

はじめに

昭和四十年代、私がまだ小学生の頃、給食に出されるものは残してはいけないという担任のクラスで二年間過ごしたことがあります。当時の私にとっては、カレーライスの中の肉やブロイラー（鶏肉）は今と違って噛み切れないゴムのような肉でした。とても食べることができる代物ではなく、困っている友達も何人かいました。今からは想像できませんが、本当にあり得ないくらい硬くて噛み切れない大きな肉だったのです。

その日に配膳される肉によっては飲み込むようにして食べることもありましたが、どうしても飲み込むのが無理な時には悲惨でした。一度口の中に入れて噛み砕こうとしたのですが無理だったので、また口から出した肉が冷たいアルミの食器の中にポツンと残されています。肉以外の物は全て食べてしまい、残っているのはゴムのような肉だけ。

給食時間はとっくに終わってしまい、クラスのみんなは片付けを終えて休み時間も終わってしまいました。五時間目の時刻を過ぎたのに自分のせいで授業が始まらない。食器の中の肉片、先生の刺すような視線、哀れむような友達の視線。出された給食は全部食べることになっているのに、それに従わない自分が一〇〇％悪いという自己嫌悪。私にとって学校の地獄がそこにはありました。私だけではなく、別の友達がそういう状況になることもありました。給食の中に嚙み切れない肉がどれだけ入っているかにかかっていたのです。

先生に逆らうつもりなど毛頭ありません。本当に食べることができなかったのです。「肉が硬いので食べることができません」とか「すみませんが肉を小さく切ってください」などと伝えることができれば良かったのでしょうが、そんな術も知りませんでした。

罪悪感から、家に戻って親に伝えることもできませんでした。自分の中で苦しむだけで問題として外に出すことができなかったのです。月に一度配られる給食のメニューを食い入るように確認し、カレーライスとブロイラーの竜田揚げの日は学校に行くのが本当に嫌でした。飲み込めないような肉が入っていないことを祈る日々。給食のメニューは私にとって学校が天国になるか地獄になるかの死活問題だったのです。

地獄になった原因は、食べることができない私にあったのかもしれません。もしそうだったとしても先生は「大きな肉は食べられません」「細かくしてください」という口に出せないメッセージを察知し、子どもに表出させるべきだったと思います。最も大きな原因は「給食は残さず食べる」という考え方を例外なく押しつけたこと、肉だけが残った食器を前にしていること自体が「この肉は無理です」という強烈なメッセージなのにも関わらず、そのメッセージは無視して「食べなさい」という教師のメッセージだけを一方的に押しつけてきたことです。その背景には給食は残すべきではないという理念と、そこから生じた「残すのはわがまま」というその先生なりのモノサシがあったと思います。

自分の意思を伝えることができにくい子どもからすると「こうあらねばならない」という大人の思いは、子どもにとって地獄になることがあるのです。たとえ大人が良かれと思ってやっているにしても、です。

大人になって私は図らずも先生になりました。中学校の普通学級や特別支援学級の担任を経て、特別支援学校で働くようになりました。「障がい」のある子どもの教育に携わるようになって思うことは、何らかの理由で成長が阻害されていたり問題行動で表現したりしていても心の中では成長したい、幸せになりたいと思っているということ、そして、生きる基本に自己肯定感があることが大切だということです。不幸になりたい、と思っている人はいないのです。問題に見える行動には必ず意味があり、そして、子どもを問題行動の面からだけではなく全体像として分かろうとすることが大切だと考えるようになったのです。偏食を何とかしようとしなくても、問題行動が和らぐにつれて食べることができる物も増えていくということはよくあります。

教える、ということは「そのままの状態ではいけない」ということを間接的に伝える側面がありますから、自己肯定感を下げる可能性があります。教える、ということに教師はもっと慎重でなければならないと思います。自分の体験以来、「現場から学ぶ」ことには揺るぎのない事実が内包されていることを悟るようになりました。「一つの小さな実践の中に世界に通用する理論が具体化されている」（成田孝・廣瀬信雄・湯浅恭正『教師と子どもの共同による学びの創造』大学教育出版）のです。

昨今「教育は人なり」という言葉が影を潜め、成果や評価を大切にしようという傾向が教育現場に浸透しています。それが全て悪いことだとは思いません。しかし、そこだけに重点がおかれるとまずいのではないかという危惧があります。なぜならば、担任の指導をいつも直接見ていない人が、最も現場に近い担任を評価する構造になっているからです。

教育現場の様々な問題に直面した時、教師の心に余裕があるかないか、教師の感性が研ぎ澄まされているかどうかということは、子どもの内面をおしはかることや子どもの健やかな成長に大きく関係します。目の前にいても心の目を向けなければ見えないものがたくさんあります。「間」や「空気」といったことは専門性の外におかれ、目に見える成果主義が繊細な子どもとの関わりの世界を破壊している側面があります。

給食の肉が食べられなかった私が、あの時に学んだことは何もありません。ただ苦痛だったという思い出が残っただけです。強いて挙げれば肉をわざと落とす、口に入れたままトイレに行って吐き出すといった悲しい処世術くらいです。これは殴られて育った子どもが嘘をつくようになるのと同じようなものです。回避できない苦痛から逃れるためには手段を選ばなくなるのです。申し訳ないのですが、あの時の先生の心の目は、肉を食べられない私に向いていなかったのだと思います。

高校生になって二年間担任していただいた松田範祐先生（現・岡山児童文学会会長）は考え方の方向性を教えてくださいました。少ない口数で、とても大切なことを語られ、聞き逃さないようにしよう、この先生から学ぼうという気持ちを抱かせていただいた恩師です。自分と社会との関わり方の橋渡しをしていただいた先生なのですが、教え込もうという強制的な態度は全くありませんでした。どちらかというとアバウトな雰囲気の中に、とても大切な何かがあるということを言外に漂わせているスナフキン（フィンランドの小説「ムーミン」シリーズに登場する放浪者）のような方でした。多感な時期に松田先生に巡り会えたことは幸せだったと思いますし、その後の生き方に影響しています。

文部科学省や教育委員会が評価を行う前にするべきことは、評価できるものとできないものがあることを知ることです。「こうあらねばならない」という一方的な思いを強制することは、強制された側に地獄を演出することになるでしょう。

教育の目的は、児童生徒の健やかな成長です。学校も教育委員会も校長も文部科学大臣も、全てはこの目標のために存在するのです。子どもたちが健やかに成長するためには、大きな影響を及ぼす教師の在り方はとても重要です。ところが現在、教師に課せられた仕事は膨大な量となり、周囲を取り巻く環境は厳しくなっています。その結果、心を病む教師も増加しています。私が小学生の時に給食の肉が食べられなかった時と同じような違和感を現在の教育にも覚えるのです。児童生徒にとって学校が楽しいこと、やりたいことでいっぱいの場所であることを願わずにはいられません。そのためには「やることになっているからやる」という消極的な仕事をなるべく減らして、教師が子どもたちと過ごす時間を大切にすること。その結果、楽しく仕事をしているところを子どもに見せることです。

特別支援学校中等部のある女子生徒が入学式の次の日に休みました。欠席理由は入学式の日がものの凄く楽しくて明日の学校のことを考えると眠れず、寝不足になってしまい朝起きることができなかったというのです。眠れないほど学校を楽しみにしている生徒がいるのです。

児童生徒も教師も自分の居場所や楽しいことがいっぱいある学校、それには学校だけでなく地域や家庭の協力が不可欠です。遠回りでもそういう学校づくりをしようとすれば、学校における様々な問題は自ずと解決の方向に向かうでしょう。同時に、社会の在り方に目を向けざるを得なくなるでしょう。学校での主人公は言うまでもなく児童生徒です。その次は担任です。担任ではない教員は脇役（教育委員会や管理職も含めて）なのですが、その脇役が大きな権力をもち担任を指導するようなことになっています。

この本は、私が特別支援学級や特別支援学校に勤める中で「あれっ？」と思ったことを書き綴っていきます。その中には社会との関わりからも考えざるを得ない事柄もあります。お読みになられた方の中には気分を害される方もいらっしゃることでしょう。私は書いているうちにボルテージが上がる癖があるので、知らず知らずのうちに「俺は正しいんだ！　どうだ、まいったか！」という論調になるかもしれません。それは私が被害者または被害者の側に立つ者として怒るのは正当な権利だ、だから攻撃しても良いんだ、と思い込んでいるからです。そんな時はどうかお許しください。そんな私に前もって釘を刺してくれた言葉があります。

「私は『正義の人』が嫌いである。『正義の人』はすぐに怒る。『正義の人』の怒りは私憤ではなく公憤であるから、歯止めなく『正義の人』は怒る。『正義の人』は他人の批判を受け入れない。『正義の人』を批判するということは、ただちに『批判者』が無知であり、場合によっては邪悪であることの証である。『正義の人』はまた『世の中のからくりのすべてを知っている人』でもある。『正義の人』に理解できないことはない。思えば私のこれまでの人生は『正義の人』との戦いの歴史であった。……様々な社会的不合理を改め、世の中を少しでも住み良くしてくれるのは、『自分は間違っているかも知れない』と考えることのできる知性であって、『私は正しい』ことを論証できる知性ではない」

（内田樹『ためらいの倫理学』角川文庫）

批判している私も当事者の一人ではないか、ということを内省しつつ、それでも「これはおかしいではないか」という矛盾したことを書きます。なぜならば、今、私はここにいて日々の現実に直面しています。その時々の「当たり前」という考え方には、どこか間違っているところがあり「このままではいけない」という想いや行動が時代を前に進めてきたからです。現実ばかりを見ていると理想はいつまでも理想のままです。歴史に学びながら現実の中にある矛盾を改善しようとすることから未来はやってきます。

私は、特別支援教育に関わることになってから「障がい」とは何かということがずっとひっかかっています。

「障がい」について国連の障害者権利条約の前文には、「機能障害を有する者とこれらの者に対する態度及び環境による障壁との間の相互作用」と書かれています。簡単に言えば、できないことや通常の人と違うことが障がいなのではなく、これらを理由に交通機関の利用や移動、買い物などの社会生活、教育や就労の場から排除されることが、その人にとっての「障がい」となるのです。つまり「障がい」をなくすのではなく、「障がい」に対する差別や排除をなくしていくことが社会にとって重要だということです。そのためのツールが「合理的配慮」ということでしょう。この条文の根底には「私たちのことを私たち抜きに決めないで」という願いがあります。

そういう視点で私の勤務してきた特別支援学級や特別支援学校を振り返ると考えさせられることが山ほどあります。それら諸々の事柄について、これから立ち止まり、考えてみたいと思います。

先生、ぼくら、しょうがいじなん？　目次

第一章　特別支援学級での関わりから考える

身近にある偏見

中学校の教員になって五年目、一九九二年頃のことです。勤務している学校に特別支援学級が新設され、その担任になりました。当時は特殊学級という名称で「特殊」という響きにすごく違和感を覚えました。

その学級の担任になることが決まると噂が広がり「担任になってはいけない、普通学級に戻れなくなる」「普通学級を担任する力がないと思われる」「三年で止めるべきだ」等々、先生方からいろいろなことを言われました。どうしてそんなことを言うんだろう？　と思っていましたが、よく考えると私のことを真剣に思ってくれているからこそ忠告してくれたのでした。そのことには感謝していますが、それ以上に怒りを禁じ得ませんでした。私のことを心配してくれる先生が本気でそのように言わなければならない程、この問題の根が深いことを物語っていたからです。

私が直面した問題とは、特別支援学級や「障がい」に対する偏見だったのです。見えない大きな敵に心の底から腹が立ち、絶対に担任になろうと思いました。校長や教育委員会をはじめ、先生たち自身が障がい児を偏見の目で見ているではないか、と憤りました。障がい児を馬鹿にするな！　障がい児教育を馬鹿にするな！　という思いで私の特別支援学級担任時代はスタートしました。

よく考えると、これは障がい児と関わっている私を馬鹿にするな、という自己愛からきていたのかもしれません。しかし、実際に担任になってみると本当におかしなことがたくさんありました。教室の場所が決まっていない、教室の名前が決まっていない、準備すべき物は何か分からない、通知票の形式が決まっていない、教科書が決まっていない、教える内容が決まっていない、出席簿はどうすれば良いのか分からない、入学式はどこに並ぶのか決まっていない……目前の事項からもっと先の事項まで戸惑うことだらけです。クラスの名前は10組になりました。「普通」学級が9クラスあるので10組。交流学級は9組です。

特別支援学級の教育課程については、実態に合わせてある程度学校で編成できるのですが、いろいろなことがよく分からない私にとって、実態に合わせた教育課程を編成するなど至難の技でした。学校全体で考える校内委員会はありましたが、担任である私自身が何も分かっていないのですから「当面の課題をどうするか」という行き当たりばったりの毎日でした。最も大きな問題は「私が担任」ということだったと思います。本当に生徒たちの成長につながる教育課程になっているのか、実際にどのような教育を行えば良いのか全く分からないまま時間が過ぎていきました。こういう時こそ管理職から「こうすれば良い」という役に立つ具体的なアドバイスを与えていただければ助かるし、本来はそういう能力が管理職に必要なのです。私は方向性すら見いだせないまま右往左往する毎日を送りました。

中学校は教科担任制ですから、各教科の様々な先生が特別支援学級にやってきます。豪快な体育の先生は、懇談の合間に特別支援教室に入るなりゴロンと寝ころびました。「ええのお、ここ」そう言って天井を見つめていました。家庭科の先生はいつも生徒たちの喜ぶ調理を中心に授業をされました。みんな生徒たちのことを考え、分からないなりにそれぞれの先生方の教師力で何とかしてくれていました。しかし、中には自分の担当する時間にワープロ（当時はパソコンの代わりに使っていた）を持参して自分の仕事をする先生もいました。いろいろな先生方がいて良いと思いますが、10組での授業を休憩時間のように考えている、特別支援教育を馬鹿にしているような態度は許せません。しかし、そういう最低限の意志統一すらできていない状態が続きました。

研修にも行きましたが、頭の中では分かっても実践に生かせないないもどかしさを感じていました。本を読んだり講演会の話を聴いたりしても、それを自分の中で消化し直面している現実場面に結びつける力がないと実践には役に立ちません。理論を目前の生徒に合う丁度良い味にして提供することが大切です。「これとこれの関係はこうなっている」という理論と実際の場面が結びつかなければ力にならないし役に立たないのです。

言い換えると、現実場面での疑問が常に頭の中になければいくら研修を受けても実践に結びつけることはできません。目前の生徒たちから学ぼうとすればする程、常に何かの疑問が生じるはずです。あの研修で学んだことはこれだったのか！　あの本に書かれていたことはこれだ！　ということが実際の現場で児童生徒たちと接する中で起こるはずです。研修の場は常に目前に繰り広げられているのです。当時の私にはそういうことが分からないまま、本を読んだり研修に参加したりしていたのでした。

一学期の終わり頃、教務主任から聞かれました。

「通知票はどうする？」

普通学級を担任していた時には聞いたことのない台詞でした。通知票は形式の決まった物があるという前提でそこに評価を記入していました。その形式を考えなければならないのです。私は、藁をも摑む気持ちで地区の事務局になっている中学校に行って通知票を見せてもらいました。そこにはアリのように小さな文字でいっぱいの文章が並んでいました。その形式を参考にさせてもらい何とか通知票の形式ができあがったのです。表紙は普通学級用と同じにしました。

終業式の日、普通学級の時には通知票を受け取る生徒たちは一喜一憂していましたが、特別支援学級の生徒たちは何も反応を示しませんでした。それもそのはず、通知票の中には小さな文字がびっしり書かれているだけなのですから。保護者が読むだけなのです。評価とは何なのか、誰のためのものなのか、という疑問が生じ始めていました。

生徒たちが素晴らしかったので私は何とか担任を続けることができました。会う度に頼りない私に力を与えてくれました。「毎日が楽しい」ということが唯一、最大の救いでした。生徒たちから学ぶ、と思いながらも何を学んで良いのか分からない私は、授業や行事に追われるまま月日を過ごしていました。その中で教育委員会やハローワーク、児童相談所、福祉事務所等々、障がい児を取り巻く方々が一生懸命に努力している姿からも様々なことを学びました。教育の分野にいる者として、目前の教育を預かる者としてできることを求めて内地留学の機会も与えていただきました。本当にありがたいことでした。

少しずついろいろなことが分かってくる中で、やはり「障がい児」に対する偏見や差別はある、ということを感じました。最も憤ったことは、障がい児や障がい児教育を馬鹿にしている人の中には、驚くべきことに人事権をもつ校長もいたということです。偏見や差別が教育現場の中にあるということに驚愕と憤りを感じずにはいられませんでした。

「普通」学級が崩れると大変なことになるので、力のある先生を普通学級の担任にするという理屈は良く分かります。しかし、裏を返せば「特別支援学級は大変ではないから力のない先生でも大丈夫」ということでしょう。特別支援学級の生徒たちも大暴れすればよろしい。そうすれば力のある先生が特別支援学級の担任になるのでしょう。

当時は、特別支援学級の担任はご高齢の先生がたくさんいらっしゃいました。ある市では、校長会よりも特別支援学級担当者会の平均年齢の方が高い状態でした。年配の先生がいけないと言っているのではありません。しかし、中には校長からお願いするような形で、退職まであと数年という先生を担任にするという例も少なくありませんでした。当時はそんな時代だったのです。特別支援学級の担任になると給料が数％上乗せされ、退職金に反映されるのです。もちろん、そういう校長も存在したということであって全てではありません。

普通と特別の間

不安なまま入学式を迎えました。分からないというのは不安なものです。しかし、三人の生徒たちに救われました。他人の目を気にする邪心がないのです。三人三様で個性的、生きているって素敵なことだと思わせてくれるような、言葉では言い表しにくい純粋な「何か」があるのです。この「何か」が私の心をとても癒やしてくれました。「ここに居ても良いよ」と言ってくれているようだったのです。我々は自分で勝手にここに居るのではなく「ここに居ても良い」と認めてもらって存在することができるのだと思います。心の居場所とはそういうものです。

偉いとか偉くないとかではなく、お金があるとかないとかではなく、魂の質とでも言うべき最も大切な別のモノサシがあると思いました。心の豊かさというのは目の前にあることにどれだけ感動できるかに依ると思います。他人にとってはどんなにつまらないことでも、誠実に他のことが見えなくなるくらい全力で打ち込む力。

Y君、T君、Kさんという三人は同じ小学校の特別支援学級から上がって来たので、とても仲が良く息も合っていました。

日々の授業がどんなにいい加減なものだったか、穴があったら入りたくなるくらいですが、三人は一生懸命に聞き、体験し、学ぼうとしていました。私が先生なのではなく、三人が私を先生に仕立て上げようとしていました。

私は「普通」学級の英語の授業も担当していました。何をどう教えるのか明確な指導書があるので、はじめて教壇に立つ先生も教える内容や時期がまちまちになるようなことはありません。「have ＋過去分詞」の構文はいつ、どのように教えるのか決まっているのです。どのような新米の英語教師も、最低限のある一定レベルの授業はできる仕組みになっています。ところが特別支援学級は教科書もなく、いつの時期に何をどう教えるのか明確ではないのです。これは非常に不安でした。それは個々の実態によって異なるためシステム化するのは大変難しいことなのですが、普通学級の教科指導との差を感じずにはいられませんでした。児童生徒のための教育なのですから、教えるべき内容や時期がまずはじめにあるのではなく、児童生徒の学習到達レベルに関する実態があるべきです。そういう点で特別支援の考え方は教育の原点と言われるのも分かります。しかし、理念は立派なのですが、現実には私のように手探りの教育が行われていることもあったのです。

学校行事では弁論大会、歌声大会や文化祭、体育祭など様々な行事があります。その他に、市内にある特別支援学級の合同の行事として宿泊学習や合同運動会、作品展などがありました。

歌声大会や体育祭は三人で出場する訳にはいきませんでしたが、弁論大会や文化祭は特別支援学級として出場することになりました。この時も、三人はどういう参加の仕方をするのかということが問われました。全体で集まる場合には特別支援学級の参加形態がいつも話題になります。全校朝礼の並び方、特別支援学級として参加する弁論大会の並び方等々。考えても分からないことがよくありました。そんな時には三人の生徒たちに聞くことにしていました。すると、いつも明確に答えが出るのです。

「三人で並ぼう」「文化祭に出よう」

前向きなY君はいつも「やろう」という方向で話を進めます。大学院に在学中、ある教授が「どうしようかと迷った時にはやってしまうんですよ。やらないっていうのは、できないって言ってるのと同じですからね」とおっしゃっていましたが、Y君も同じでした。

三人は仲が良く交流学級にいることよりも三人でいることの方を好んでいるようなところがありました。しかし、実技教科や行事などでは交流学級の生徒たちと一緒に活動する場面もよくありました。

体育の授業でサッカーをした時のことです。幼なじみのN君が言います。

「Y！　行くぞ！　ほれ！」

勢いよく飛んできたボールを見て、Y君は飛びのきました。何度ボールが来ても逃げるばかりです。

「Y！　何やってんだよ！」

N君が言いました。

「だってこわいんだもん。ボール」

「サッカーだぞ！」

「こわいの！」

「おまえ、バッカじゃねえの」

Y君は先生のところにスタスタと歩いて来ました。

「先生、あのなあ、N君がなあ、俺のこと、バカって言った」

N君もあわてて先生のところに走って来ました。

「先生、俺、そんな意味で言ったんじゃ……」

「まあまあ、なかよくやろう。N、Yの顔よく見てみろや」

本当に恐そうなY君の表情を見て、N君は言いました。

「わかった。ゆっくりパスするから。ボールとられるなよ」

Y君も大きくうなずきました。

その後、何度かパスされましたが、カットされてボールをとることはできませんでした。すると、また先生のところに行きます。

「先生、あのなあ、俺がボールとろうとすると、ほかのやつがボールとるんよ」

「うーん、それはしかたないなあ。とられないようにがんばろう」

Y君は、また大きくうなずきます。でもボールをとることはできませんでした。

昔は一緒に遊んでいたN君とY君ですが、身体の大きさの差がついて、ボールを蹴るスピードも差がついてきました。そのことにN君は気づいていなかったのです。自分の成長と同じように友達も成長しているはずだと思っているのです。だから怒鳴ることができるのです。そういう関係は素敵だなと思います。

また、ある時、Y君は交流学級の女子から質問されました。

「ねえ、このクラスってどんな感じ？　楽しい？」

「うん、楽しいよ」

「へえー、どんな勉強するの？」

「うーん、よく分からない」

「あのグランドピアノ、だれが弾くの？」

「だれも弾いてない。」

「私、弾いても良い？」

「良いよ」

古いグランドピアノが特別支援学級にあるのです。交流学級の女子は、休み時間になるとピアノを弾きに来るようになりました。

そんなある日、Y君は私に言いました。

「先生、俺、気をつけないと女子から愛されるかもしれん」

「そりゃあ、大変だ、気をつけないと」

「うん、気をつける」

Y君の顔は真剣そのものでした。Y君はいつでも真剣勝負、直球勝負です。

校内弁論大会は、クラスから一名代表が出てみんなの前で発表します。9クラスあれば九人の代表が出ます。

10組はどうするか？　三人の中から代表を決めるか、それとも交流学級の一員として9組の中に入るか？　私は三人に聞いてみました。

「10組でやろうや」

Y君はすぐに言いました。

「やろう」

T君も言います。Kさんはにこにこしています。

「Kさん、どう？」

私が聞くとKさんは大きくうなずきました。

「よーし、じゃあ、10組で学級弁論大会やるか！」

私が言うと三人は「おー」と言って手を挙げました。

それから数日して、みんな自分の発表する原稿を書いてきました。

「さあて、じゃあ、だれから発表してくれるかな」

さっと手が挙がったのはY君でした。指の先までまっすぐに伸びていて「あててくれ」と目が言っているようです。

Y君はにこにこしながら原稿を片手に前に出て来ました。一礼して、つまりながらもゆっくりと読み終え、「どうだ」という自信たっぷりの笑顔で私を見ました。

その後、T君が「中学生になって勉強や運動をがんばりたい」という内容で発表しました。きちんとした姿勢でした。Kさんは「おねえちゃんを助けて、妹や弟のめんどうをみたいです」と発表しました。

「みんな、とっても良かったよ」

私は心からそう思いました。

「Y君がいい」

T君が言いました。Kさんもにこにこしています。10組の代表はY君に決まりました。

休み時間にN君がやって来て言いました。

「Y、10組の代表になったんだって」

「うん」

「俺、9組の代表になったから、ライバルだな」

「うん」

Y君は嬉しそうに笑っています。

「わかってる?」

「わかってる」

「本当にわかってるのか？」

「わかってる。Nちゃんとなあ、俺はライバルなんよ」

「ライバルってなんだ？　言ってみろ」

N君がいじわるな質問をします。すると、Y君は、ニコニコしていた顔を少し曇らせて言いました。

「俺とNちゃんはなあ、敵なんよ」

「お前、わかってるな！」

Y君の顔はまた笑顔に戻ります。

「おたがい、がんばろうな！」

「うん」

いよいよ校内弁論大会の日がやってきました。体育館に集まった千人以上の全校生徒を見て三人は緊張しているようです。

「がんばれよ、Y君」

T君が言います。

「うわー、ドキドキするわ。」

Kさんも自分のことのようにかなり緊張している様子です。

各学年から選ばれた代表がステージに上がり椅子に座ります。ステージの後ろには大きな字で書かれた演題がたれ下がっています。

Y君のとなりではN君が、カチカチになって座っています。Y君はやる気まんまん、自信たっぷりの余裕の笑顔です。

Y君は本当に堂々と「中学生になって」と題した自分の気持ちを発表しました。時間は短かったのですが、大きな拍手で終わりました。舞台の上のY君が大きく輝いて見えました。そして見事、審査員特別賞を受賞しました。

「Y、やるなあ。」

N君が10組にやって来て言いました。Y君はにこにこして本当に嬉しそうでした。

「来年は絶対に負けないからな!」

N君も目をキラキラさせながらY君の肩をポンとたたきました。Y君が軽くうなずくと、N君はニコッと笑って9組に戻りました
「やったなあ」「Y君、すごいね」

先生や生徒たちから声をかけられてY君は本当に嬉しそうでした。特別支援学級が壁であると同時に武器にもなることを教えられた瞬間でした。

文化祭も特別支援学級として一年目は紙芝居を、二年目はダンスを全校生徒の前で披露しました。その度に三人は自信をつけていったように思いました。

生徒からの問題提起

自然豊かな市内の宿泊施設で毎年七月に合同の宿泊学習があります。各学校の生徒たちが一緒に活動し寝泊まりするイベントです。夜にはキャンドルサービスがあり、各学校が出し物を披露します。

バスが各学校を回りながら生徒たちが次々に乗り込んで来ます。

「よろしくおねがいしまーす」

「こんにちは！」

あたたかい雰囲気が漂い、宿泊施設では福笑いや魚釣り、七夕飾りなどをグループごとにつくったり、カレーライスをつくって食べたりしました。いろいろな学校の生徒と一緒に活動しながら、三人は楽しく過ごしました。また、みんな旗係や食事係など、何かしらの係になっているので、その役目を果たそうという気持ちも伝わって来ました。

お風呂は大きくて他の学校の生徒も一緒にみんなで入ることができます。友達になったある生徒がお湯をかけたのをきっかけに、みんなでお湯のかけ合いが始まりました。

「ギャハハハハ」

「ウオー！」

T君はこういう時になるとはしゃぐタイプです。はだかの付き合いそのものでした。

次の日、「朝は！　友達だ!!」をいう大声にびっくりして飛び起きました。その生徒は、朝になったのが嬉しかったのでしょうが、同じ部屋に寝ていたY君と他の生徒は、その声で起きました。その中でT君だけが余裕の表情でいびきをかいて寝ていました。

昼食は野外炊事です。火を起こしたり、野菜を切ったりしてカレーライスをつくります。ここではKさんが活躍します。トントンとなれた手つきで野菜を切ります。みんなもそれを見習って料理をします。

準備に時間がかかり、予定の時刻を過ぎていました。

「先生なあ、あのなあ、俺、はらへった」

T君が力なく言います。

「はらへったあ、はやくしてくれ」

Y君もかなり腹ペコのようです。そういう私も、かなりの空腹でした。

「もうちょっとで、できるよ！」

Kさんも腹ペコのはずなのに、みんなを励まします。

しばらくして、待ちに待ったカレーライスができあがりました。

「いただきまーす！」

一口食べて、そのおいしかったこと！　みんな、何も言わずに食べています。スプーンの音だけがカチカチと響きます。Kさんがつぶやくように言いました。

「おいしい」

それは心の声のようでした。空腹とは最高のスパイスである、という言葉を思い出しました。

いろんなことがあった宿泊学習でしたが、みんな楽しく生き生きと過ごせました。知らない生徒たちとも仲良くなりました。活動内容が合っていたのと、安心できる空気があったからだと思います。交流学級の中での活動は、どこか緊張感があるように思います。それも必要なことなのですが、こういう穏やかな集団での活動も良いものだなあと思いました。

ただ、同じ宿泊施設に毎年泊まっているため、三年間で三回宿泊することになりました。通常学級ではそのようなことはまずありません。それを改善の余地ありとするのか、同じ場所に三回行くことで見通しがもてて安心できるし、本人の成長を実感することができるというメリットとしてとらえるのかは難しいところです。

市内の中学校が合同で開催する行事ははじめてのことばかりでした。もち回りで事務局になっている中学校の体育館を借りて合同の運動会が平日にあります。私は打ち合わせの時から疑問に思っていたことを口に出しました。

「どうして体育館なのですか？」

その答えは簡単でした。当日の朝、各校から準備物を持ち寄り準備するため、雨だと大変だと言うのです。何だ、そんな大人の都合なのだったら、青空の下、運動場でやれば良いじゃないか、と思い念のため学校に戻って三人に聞いてみました。しかし、私の思いとは裏腹に返ってきた答えは意外なものでした。

「体育館の方がいい」

「えー？　なんで？」

私が驚いて聞き返すとKさんはこう言いました。

「その学校の生徒に見られない方がいい」

私はガーンとハンマーで殴られたようなショックを受けました。会場になっている中学校の生徒たちが自分たちをどういう目でみているのか、ということまで考えていたのです。だからなるべく見られない体育館の方が良いと言うのです。つまり、自分たちが差別の目で見られていることを知っているのです。そんなこと考えていたのか、と思うとやり切れない気持ちになりました。学校の中でも外でも、私が思っている以上に三人は傷ついているんだ、と思いました。特別支援学級という存在が壁になっているのです。私は「そうか」とだけ言って、それから何も言えなくなりました。

市立美術館では合同の作品展が毎年開かれます。各小中学校の特別支援学級で作成した力作が並びます。三人もそれぞれの自信作が展示されている様子を校外学習として見学に行くことになりました。事前学習としてバスに乗る練習をして出掛けました。当日、バスを降りて歩き美術館の前に着くと、看板を見上げながら漢字の読めるY君が言いました。

「しょうがい　じどう　せいと　さくひんてん」

看板の文字を声に出して読んだ後、私を見てこう言いました。

「先生、ぼくら、しょうがいじなん？」

私は返す言葉が見つからず何も言えないままY君の前に突っ立っていました。その時、何と答えたのか全く覚えていません。その後、みんなで作品を見ながらワイワイ言っていたのは覚えているのですが、その部分だけ記憶が飛んでいるのです。

その時の気持ちに一番近い言葉は「違う」だったと思います。しかし、その言葉を口に出して言えませんでした。自分にとってのY君とは「障がい児」なんだという意識が頭のどこかにあったからだと思います。私は友達として三人と一緒にいるのではなく、特別支援学級の担任として三人の前にいることができていたからです。

「先生、ぼくら、しょうがいじなん？」

その言葉はそれからずっと私の中でくすぶり続けました。

次の年の作品展実行委員会では、私は大会場でマイクを手にしていました。作品展の名称について異議を申し立てたのです。当時の特別支援学校の校長からは「障がいを受け止めて強く生きていかなくてはいけないのだから名称を変える必要はない」と言われました。会議の後、私の意見に賛成だと言ってくださった先生が何人もいました。共感してくださったことに嬉しさを感じると共に、会議の席でどうして発言してくれなかったんだろうと思いました。結局、その年は名称は変わらないまま終わりました。そして、毎年、異議をとなえ作品展の名称が変わるまでに三年という月日を要しました。その数年後、県の作品展の名称も変更になりました。「障がい児童生徒作品展」という名称はY君の一言からなくなったのです。

しかし、よく考えるとなぜ「障がい」のある児童生徒の作品展を別に行うのでしょうか？　分ける必要性は何なのでしょう？　これは本質的な問題です。作品の質と「障がい」のあるなしは関係ないと思います。「男子の作品展」や「体重五〇kg以上の小学生作品展」などというものはありません。「障がい」のある児童生徒だけの作品展を行うこと自体が不自然だし、差別を生み出している側面があると思います。

私が先生になりたての頃の話です。新任で赴任した中学校は荒れていて、4月の始業式前に卒業生が夜に数名やって来ました。初対面の一人が私の肩に腕をまわして言いました。

「わいは〝エタ〟じゃけど、先生、あんたは何なん？　〝エタ〟か？」

私は何と答えて良いのか分からず絶句しました。私を試そうとしてそのようなことを言ったのかも知れませんがショックでした。「障がい」にも同じ様な感覚があります。人為的につくられた差別。それを維持する人的・物的環境。このような馬鹿げたことが無くなる日はくるのでしょうか？

Y君とのやりとりは現在も続いています。よく電話で様子を知らせてくれます。年に一回、映画を一緒に観たり食事をしたりしますが、その度にY君は成長し社会との関わりもできるようになっていきました。Y君と関わるお店や映画館の人々などもY君から学ぶことがたくさんあったと思います。もしも、Y君にあの時と同じ質問を今されたどう答えるだろう、と思います。あの言葉は「障がいとは何なのか？」という問いだったと思います。Y君は「障がい児」のY君以外にも中学生だったり、男だったり、長男だったり様々な属性をもっています。しかし、「障がいとは何か？」という「障がい」という属性そのものへの疑問にどう答えれば良いのか、未だに分かりません。「障がい」そのものが環境や関係性の中でつくられるということ、特別支援学級という物理的環境の中におかれたことを考えると、Y君は特別支援学級に在籍したことによって「障がい児」になったのではないかと思えます。合理的配慮の行き届いた普通学級に在籍していれば、単に「かわった奴」だったと思うのです。みんなと一緒にいる中でも適切な教育を受ける権利がY君にはありました。それができなかったのは、教員数や学級数、予算等々、大人の都合です。Y君に適した教育を受けるために特別支援学級に在籍している、というのは、合理的配慮ができない行政の言い訳です。「障がい」とは人為的につくられた意識であり、その意識は特別支援学級と普通学級が別々に存在していること、作品展が別々に行われること、運動会が別々に行われることなど、物理的な別扱いから生じているのではないでしょうか。

就学指導とは何か

特別支援学級の担任になって二年目の秋、市の教育委員会から就学指導委員会（現在は教育支援委員会）の専門委員になるように言われました。ほとんど何も分かっていない私が二年目にして専門委員になることに疑問を感じました。しかし、引き受けた限りは一生懸命にやるしかありません。身が引き締まるような思いでした。

教育支援委員会とは、「障がい」のある児童生徒が適切な教育を受けることができるように教育委員会に答申する機関です。そこでは、就学時健康検診後の就学先の検討や「普通」学級から特別支援学級、特別支援学校への変更等について審議します。各学校内で話し合いがなされた結果を基に審議して一次判定をくだすのです。また、就学時健康診断の二次検査や面接も行います。メンバーの人選は教育委員会が行い、児童相談所の心理判定課長、医師、教育関係者などが委員になります。中学校の現場にいる私は、どういう専門性があり、どういう立場から発言するべきなのか考えました。考えても考えても、それはぼんやりした伝え難いもののように思えて仕方ありません。自分は何と交換に給料をもらっているのか、特別支援教育における専門性とは何かということと深く関係しているように思われます。

市教育委員会のマニュアルには、①人権を守れ ②親心になれ（怒って来ている、希望を失うような発言をするな）③全人を見よ（子どもの能力を引き出す）④基準を波うたすな ⑤言うより聞け ⑥確約をするな ⑦通学条件を考えよ、という文言がありました。私はこれらを心に留めて面接や二次検査に臨みました。

ところが、最初の保護者からいきなり怒鳴りつけられました。「どうしてここに呼び出されなければならないのか！」「名前を聞く時には自分から名乗るのが礼儀だろう！　お前の名前は何だ！」。ここに呼び出されたことに腹を立てているのです。座席に横向きで座るお父さん、子どもの生育歴を話すと泣き出してしまうお母さん、「訴えてやる！」と息巻く方もいらっしゃいました。保護者の方々の心の中が垣間見えたように思いました。行政は自分たちの苦しみを分かってくれない敵であり、自分たちを説得する存在なのです。

ある保護者がこんな詩を書かれています。

私はあなたの母になったばかり
あなたは私の子になったばかり
私はあなたの寝顔を見ています

あなたの命が短いかもしれないことを
あなたが普通の子として育たないかもしれないことを
だれかが私に告げていきました

いつ、どこで、だれが
どんなふうにそのことを私に告げたのか
つい今しがたのことのようでもあり
遠い昔のことのようでもあり
鮮明に脳裏に焼き付いているようでもあり
混沌とした記憶の淵に沈みかけているようでもあり
とにかくそうんなふうに思うのです

人は悲しいから泣くのではなく
泣くから悲しくなるのだと言った哲学者がいたそうです
それならば
渾身の力をふりしぼって涙をこらえてみましょうか
それとも
全身全霊をかたむけて悲しんでみましょうか
泣いて泣いて涙をからしてみましょうか
それとも、それとも
思い切り笑ってみましょうか

世界中にあなたと私と二人きりでとり残されたような
私が生んだ子なのに私の子でないような
どちらの表現もありきたりですね
でも、どちらも私そのものです

私はあなたの母になったばかり
あなたは私の子になったばかり

私はあなたの寝顔を見ています

だれよりも強い母になれと
だれよりも弱々しく見えるあなたが
だれよりも力強く
私に向かって語りかけています

だれよりも賢い母になれと
だれよりもはかなげに見えるあなたが
だれよりもきびしく
私に向かって言い放つのです

あなたが
弱々しくはかなげなその命を
それでもなお生きようとしているのなら
その命に
私はせめて寄り添ってみましょうか

あなたが自由にその命を生きられるように
少しはたすけることができるかもしれない

次の瞬間には
あなたの首を絞めてしまうかもしれない
あなたを床に叩きつけてしまうかもしれない
そんな私の腕に抱かれて
寝息をたてているあなたの
期待に添えるかどうか甚だ自信はないけれど
とにかくそう思うのです

せめて私を見て笑うようになってくれたら
そんな素朴な願いの傲慢さをあなたのかすかな寝息が語っています
命の質を問うてはならぬ
命の質を問うてはならないと

あなたが私を見て笑うようになっても、 ならなくても

あなたが生きようとしている命の重みは
変わらない
変わってはいけない

私はあなたの母になったばかり
あなたは私の子になったばかり
私はあなたの寝顔を見ています

（ぶどう社『今どき、しょうがい児の母親物語』所収、玉井真理子さんの詩）

このような気持ちを乗り越えて、保護者は今、目の前にいるのです。私の立場は行政側の人間であり、保護者はその行政の在り方に怒りを抱いているのです。

この保護者に私ができることは何だ？　この保護者に何ができる？「私はあなたの敵ではない！」そんな言葉が口元まで出かかりました。個人としての私と、組織の中の一員としての私の狭間で、のたうち回るような苦しい思いをしました。その結果、私は自分に誠実に生きよう、嘘をつかないような納得のいく言動をとろうと心に決めました。それは、生き方の問題でした。

一部の自治体では、判定はせずに親の希望を聞き、就学のための調整をする機関に変えているところもあります。本来は、普通学級で学ぶための人的・物的環境整備や合理的配慮をどのように進めるか、どこまでできて何ができないのかという普通学級就学のための調整の場となるような組織であるべきだと思います。

ところが、普通学級就学のためどころか、特別支援学級に就学しても、学級を取り巻く人的、物的環境が優れているとは言えません。教育委員会は、様々な書類を作成させたり提出させたりしますが、なぜ「校内で最も優秀な教員を特別支援学級の担任にしてください」と指導しないのでしょう？ 校長先生の学校経営には口を挟みにくいのでしょうか？ 指導しているのだけれど、なかなか実現しないのでしょうか？ 教育委員会の専門性とは一体何なのでしょう？

ちなみに、特別支援教育制度への転換により、就学に関する手続についても改正が行われ「市町村の教育委員会による専門家からの意見聴取に加えて、日常生活上の状況等をよく把握している保護者からの意見聴取が義務づけられる」（文部科学省「就学指導の在り方について」）という内容になりました。保護者の意見が反映されやすい状況になったと言えます。これは画期的なことだと思います。しかし、現実にどの程度保護者の意見が反映された就学先決定がなされているのか、各教委は結果を出していません。千葉県など、全市町村ではありませんが、親の会がきちんと定期的に教育委員会と話し合い結果を出しているところもあります。第三者によるモニタリングの必要性を感じます。

その他、「普通」学級に在籍しているのだけれど、特別な支援が必要な児童生徒がたくさんいます。支援員がついて集団の中で個別指導が受けられるようになっていたり、教科によっては、グループに分けての授業を行ったりしているところもあります。

また、普通学級に在籍したままで、ある教科だけ校内の特別支援学級で学習することも可能になってきていますが、その実現には様々な問題もあります。例えば、普通学級に在籍しながら校内の特別支援学級に国語と算数だけ通級して授業を受けるというようなシステムです。画期的なことですが、特別支援学級に在籍している児童の他に普通学級から国語と算数だけ他の児童がやって来る訳ですから、先生は、いつもより多くの児童に教えることになります。特別支援学級に在籍している保護者からすれば、自分の子どもが在籍しているから普通学級の児童も恩恵を受けられるのに、その分、自分の子どもへの先生の関わりは少なくなるという矛盾が生じるのです。平成十七年に出た「特別支援教育を推進するための制度の在り方について（答申）」の中にはこうあります。「小・中学校に置いて、ＬＤ・ＡＤＨＤを新たに通級による指導の対象とし、また特別支援教室（仮想）の構想については、特殊学級が有する機能の維持、教職員配置との関連などの諸課題に留意しつつ、その実現に向け引き続き検討すること」。これが当たり前のようにできるようになれば、固定した特別支援学級とは違い「障がい」という壁の感じが薄まります。予算問題のため、なかなか前へ進まないものの、平成二十九年より段階的に通級指導の教員数を増やしていくこととなりました。

普通学級に当たり前にいていいんだという安心感が基本にあることが肝心だと思います。「本人のため」と言いながら、普通学級での授業を今までのやり方で進めることができないから厄介な子は通級させるということになっていないか問い直す必要があります。大切なのは特別支援教育の専門性よりも目前の子どもに合わせて、その子も含めた授業になるよう進め方や教材の工夫をしながらフレキシブルに対応できる教師としての専門性です。つまり「その子どもの行動を読み解く力、その子どもに特有なチャンネルにアクセスできる力」（成田孝・廣瀬信雄・湯浅恭正『教師と子どもの共同による学びの創造』大学教育出版）をもつ教師です。そのための環境整備や人的保障が大切なのです。

いろんな人がいる社会、いろんな児童生徒がいる学校、学級、その中でお互いに学び合い尊重し合うことで心の豊かな社会が実現します。離れていては分からないことが多く、分からなければ「怖い」という意識が先行します。まず分かること、そのためには一緒にいることが大切です。それを学習の場で演出するのが教師であり、様々な意味でバックアップするのが行政の仕事なのです。

進路について考える

特別支援学級を卒業した後、どうするのか？　選べる進路は多くありません。特別支援学校の高等部、高等支援学校、普通高校、技術訓練学校、就労……その中で「普通」の私立高校に行った知的な遅れのある生徒がいました。「普通」の高校に行かせたいという保護者の強い要望もありました。しかし、一カ月後になって中学校を訪れたその生徒は言いました。

「勉強が分からん」

中学校の時には小学校程度の学習内容だったのが、高校に入ると高校一年生の教科書を渡されるのです。

希望の高校に合格できることばかりを考えていた私は、学年主任と一緒に、事前に高校にお願いに行ったり、生徒や保護者と見学に行ったりしていました。「合格」という通知をもらった時にはみんなで喜びましたが、それで終わりではなかったのです。希望の高校への合格も大切ですが、その後の人生はもっと大切なのです。目先の合否に囚われ、そのことに気づくことができなかったのです。

ある生徒は特別支援学校の高等部を希望していましたが、保護者が特別支援学校に対して偏見をもたれていました。特別支援学校卒業というよりは、中学校卒業の方が世間体が良い、と言われます。これは、保護者の偏見であると同時に、障がい児だけを集めた特別支援学校に対する社会的差別の反映でもあります。だから、この保護者だけの問題ではありません。物理的な壁をつくることで差別概念をつくり出している社会の問題です。この生徒と保護者とは何度も懇談を重ねましたが、結局、就職することになりました。保護者の思いと本人の思い、将来を見据えた進路選択は難しいものだと思いしらされました。

就職するにあたって、職業センターやハローワークの担当の方が力になってくださいました。教育現場にいるとなかなか他機関の方と一緒に働くという機会がありません。夏休みに障がい者職業センターで職業適性検査を受け、本人と一緒にカウンセラーの方と意見交換をしました。そして職場を探していただき、縫製関係の会社で実習を行うことになりました。その会社にはハローワークの方と一緒に行きました。社長に何を話して良いのか分からない私と違い、担当の方は本当に、それはそれは頼もしかったのです。「こちらの事業主さんを紹介させていただいたのは私どもハローワークですが、こちらの会この実習は、障がい者職業センターが実施している職務試行という制度によるものです。こちらの会社には日額九八〇円（当時）が支払われることになっています」。淡々とした口調で、障がい者の支援を力強く後押ししてくれる頼もしい存在でした。こういった情報に疎い私は、ハローワークと関わることで学校と社会の間で「障がい」のある方々の就労や生活を支える人々がいることを知ることができました。と同時に、学校や教育委員会と福祉や就労の間には距離があるように思えました。就労することになると、様々な方々が関わり、協力して一人の生徒をバックアップしてくれました。こういうシステムが学校の中にもあれば良いなあと思いました。

進路をどうするか？　という問題について、保護者や本人と話しながら方向性を決め、学年主任や交流学級の担任と連携しながら進路保障を進めていきましたが、計画的な進路指導だったかというとそうとは言えないように思います。その点、特別支援学校の高等部では進路指導主事が中心となり、計画的に進路保障が行われます。学校によって多少は異なるでしょうが、校内実習や集団、個別での現場実習を三年間で行います。前期、後期で年間二回の実習期間があり、二〜三週間にわたって一日中作業を行うのです。学校によって多少の差はありますが、一年は校内が中心で二、三年では企業や施設等での体験を行います。二年生の集団実習では個々に合った現場を体験し、自分のできそうなことや難しいことなどを知ることを目標にします。企業だったり、施設だったり行き先は様々です。三年では個別の実習で卒業後の進路を前提とした実習になります。本人や保護者の希望との調整もありますが、担任、本人の他に進路指導主事も同席して進路を考えます。

進路指導主事は、卒業後も進路先を訪問して卒業生の様子を見守ります。その様子が学部会などで報告され、元担任も情報を共有することになります。

卒業後は居住地にある地域生活支援センターが関わることになります。福祉サービスの利用等について相談にのってくれる頼もしい機関です。計画相談支援によりサービス等利用計画の作成や定期的なモニタリングを行うのです。そんな地域生活支援センターの担当者との顔合わせという意味も含めた最初の移行支援会議も二年生の前期にあります。保護者や本人と地域生活支援センターの方が一緒に話をする機会を設けているのです。

企業に就労する生徒もいますし施設に行く生徒もいますが、施設には通所や入所、本人との契約により最低賃金が保障される就労継続支援A型や保障されないB型、生活介護、就労移行支援など、様々な形態があります。

将来も家庭にずっといるのではなく、施設に入所したり、グループホームや通勤寮に入ったりする場合もあります。特に重度の生徒の場合は家庭も大変ですし、世話をする親も高齢化していくことを考えると入所施設に入ることも考えられます。しかし、現実はどこもいっぱいで空くのを「待つ」状態です。なかなか入れないし、「障がい」のある人もない人も地域へ、という流れから、国は入所施設はなるべくつくらないという方針です。本来は福祉サービスや地域の人間関係を生かして、小さい時から地域の同年代の子どもたちと共に成長し、地域社会に根を張って生きていくことが大切です。緊急避難として、施設は必要であり続けるでしょうが、例えば入所の順番を確保するために、空きができたら高等部在籍中から入所するなどというのは、普通の若者には考えられない選択です。このようなケースでは、たとえ結果は施設入所になったとしても、その人のニーズとして施設入所があるのではなく、やむを得ない選択として学校や社会の側がそうさせているという認識が必要です。つまり合理的配慮ができなかった、ということです。

重度の生徒が卒業しても入所施設に入れない、通所も無理というような場合に、高等学校の補習課のようなことができると良いのになあ、と思います。入所できるまで高等部を卒業しても特別支援学校に通えるようにするのです。こうすれば重度の生徒の保護者も、当面はどうしたら良いのか途方に暮れるということはなくなるでしょう。

また、高等部を卒業して就労したのだけれど、ドロップアウトしてしまった生徒に対して再教育するような場が校内にあると助かります。卒業後は教育ではなく福祉の領域だろうとは思いますが、縦割り行政を柔軟にして連携を大切にするべきです。高等部を卒業したら終わりではなく、学校と福祉の接点を学校内に設置するのです。日本は十八歳で障がいのある人の教育期間は終了しますが、米国は二十一歳まで教育を受けることができます。障がいがあるがゆえにたくさん勉強しなければならないことがあるのに、早々に社会に出ることになってしまっている現状は改革するべきです。

T君は、高等部を卒業して就職しました。障がい者雇用では定評のあるクリーニング会社でした。穏やかで真面目を絵に描いたようなT君ですが、クビになったと聞いて驚きました。特に失敗をしたという訳でもないのですが、世の中が不景気になって会社の存続自体が危うくなったのでした。会社が潰れるか解雇するかということで、T君は解雇になったのでした。無力な私は、真面目で誠実なT

君が解雇されるのを黙って見ているしかありませんでした。

ある会社の社長は言いました。「障がい者を雇うよりは罰則金を支払った方が良い」。口に出してそのようなことを言う人は希ですが、そう思っている人もいるのでしょう。一方、T君を解雇した社長はやむを得ず解雇したのでしょう。障がい者雇用と会社の経営で悩む良心的な経営者はたくさんいます。

世の中が不景気になると、弱い立場の障がい者は圧倒的に厳しい状況になります。学校生活を楽しく過ごし、様々なことを学習しても、世の中に出ると厳しい状況が待っています。学校でできることは何なのでしょうか？　生きる力をつけるとはどういうことなのでしょうか？

特別支援学級の存在意義

「特別支援」学級と「普通」学級の違いとは何でしょうか？　かつては「特殊」学級という名称で、特別支援教育も特殊教育と呼ばれていました。更にもっと遡れば、極端な例として、精神病者監護法という法律がありました。精神障がい者に医療を保障するのではなく、社会防衛のために私宅監置という制度で、自宅の一室や物置小屋の一角などに専用の部屋をつくり閉じこめたのです。一九五〇年の精神衛生法施行にて禁止されましたが、実際にこのような制度が存在したのです。

特別支援学級と私宅監置が同じだと言っているのではありません。全体的に見れば進歩はしているのです。しかし、今の状態も後々の人から見れば「あんな時代もあったんだよなあ」と言われるに違いありません。「特別支援学級とか、特別支援学校なんていう物が存在していた時代があったのです」と言われる時代に我々は生きているのかもしれません。

　昔は「親学級」と呼ばれる学級がありました。交流学級とも呼ばれます。特別支援学級の生徒が通常学級に所属する時の学級です。この状態自体が「障がい」とは何か、ということを物語っています。「障がい」という言葉がその概念をつくり出すのと同様に、特別支援学級という物理的な環境が通常学級の生徒との間に壁をつくります。

　ある交流学級の生徒からこう言われたことがあります。

「先生、この学級ってなに？」

　私はうまく答えることができませんでした。この学級って何なんだろう？　そう考えると適確な答えが出なかったのです。

　生徒だけではなく保護者も同じです。入学式の後の学活では、特別支援学級に在籍する子も交流学級に集まります。その場には保護者もいますが、そこで特別支援学級の生徒たちの話をします。教科によってはこの学級で一緒に学ぶこともあります、ということを伝えるのです。この話は非常に難しい。「障がい」とは何かということを話すようなものですから。でも核心には触れずに「体育と美術、音楽を一緒に勉強します」というような実務的なことを伝える程度に留まります。私はすっきりしない気持ちのまま、この話をしたことを覚えています。

　ある学年集会の時に、学年主任が「この学年は特別支援学級を中心にして行動します」と言われました。そのくらいの決意がないと、特別支援学級は先生も生徒も人数が少ないため忘れられてしまいがちなのです。実際、全校での配布物が私のところには配布されていないこともありました。

集団としてまとまる、ということに学校は力点が置かれているように思います。そして、そこから外れている特別支援学級の存在は目立つことになります。学校の中で同化されにくいマイノリティとしての特別支援学級は、その存在自体が学校教育に対する大きな問題提起なのです。「規律を乱したり、学習についていけない子を抱えたままでは生徒数の多い普通学級の教育が支障をきたす」。そのために特殊学級・学校はつくられたとかつての文部省自身がハッキリ述べています（『わが国の特殊教育』一九六一年）。元々の理念がこのような考え方である以上、どう繕ってみても要は厄介払いの場所なのです。一九八〇年代、欧米ではノーマライゼーション理念の下で統合教育が浸透し、施設もなくしていっています。日本ではこれだけ子どもの数が減っているのに、権利条約を批准してもなお、特別支援教育の名の下に差別解消に向けた方策は遅々として進みません。「厄介払いの場所ではない」と言うのであれば、証拠を具体的に示す必要があります。その一つに特別支援学級担任の人選問題もあります。

特別支援学級とは「障がい」のある児童生徒が在籍しています。では「障がい」とは何なのか？「障がい」児、「障がい」者と言うのならみんな「障がい」児や「障がい」者ではないでしょうか。WHO（世界保健機関）の「国際障害分類」も「国際生活機能分類」に変わったように、「障がい」がある、ないで判断すること自体に無理があり、「障がい」という概念の転換、つまり「障がい」とは環境との関係性の中で生じるという意識が必要なのです。そして、それは合理的配慮によって軽減することができます。

何かを基準にその人を評価するということ自体に問題があるのです。しかし、何かを基準にしないと評価はできません。評価とはしなければいけないものなのでしょうか？　点数は高い方が良い、ということに問題があるのです。小学校では二〇一八年度から道徳が教科化され、評価しなければならなくなりました。公教育でそんなことをしなくても、親が「どんなお前も応援している」という気持ちを伝えることで優しくあること、思いやりが大切であることを教えて欲しいものです。

普通学級と特別支援学級だけではなく、もっと細かくカテゴリー分けしたらどうなるでしょうか。普通学級、準普通学級、準特別支援学級、特別支援学級などです。いかに「比較」ということがナンセンスか浮き彫りになるでしょう。

人間がつくり出した膨大な数のナンセンスなカテゴリーの一つに「障がい」や「評価」があるように思えてなりません。必然性により生きている自然界の生物を観ていると、言葉をもってしまった人間の愚かさを突きつけられるようです。自分とは何者か、と考え、認められたい、他人から欲せられたいと欲望を抱きます。地位や名誉、お金、容姿など人から見て羨まれるものを身にまとわせようとします。それによって自分を支え、生きています。そんな人間の業からも「障がい」のある人々は自由であることが多いように思います。

自閉・情緒の特別支援学級では、普通学級と同じ教科書を使って同じ内容を教えなければなりません。同じ教科書で同じ内容を学ぶのに、どうして普通学級ではいけないのでしょうか。同じ場で合理的配慮ができないからです。そういう理由でやむを得ず分けているという前提を忘れてはいけないのです。その前提の上で、特別支援学級にいる児童生徒が普通学級と全く同じ教科書を使用するというのが腑に落ちません。行政の理屈からすれば、学ぶ内容が同じであっても学び方は異なるから分けたのではないのでしょうか。とすれば、自閉・情緒学級用の教科書、それも知的障がいもある児童生徒用とない児童生徒用両方の教科書が必要なのではないでしょうか？ 自閉・情緒の学級に在籍する生徒が勉強が分からず不登校になっているケースがありました。普通学級と同じ教科書を使用しなければならないという縛りに担任の先生も苦しんでいました。

文科省は合理的配慮の事例をデータベース化していますが、通級を含め、ほとんど分けた場での個別に対応した学習支援の事例です。難しいことではありますが、共に学ぶ場で、教材や指導方法を工夫して全員が参加できる授業、合理的配慮の行き届いた授業やカリキュラムの更なる充実を願うばかりです。

「そういうものだ」ということを教える教育

普通学級の生徒から見た特別支援学級とはどのようなものなのでしょうか？

私が中学生だった時にF組というクラスがありました。A～E組までが普通学級でした。F組の生徒は三人だけ。私にとっては、何となく自分たちとは違う生徒のいるクラスという印象でした。何がどう違うのかは分かりませんが、「なるほど」と思える説明はありませんし、先生たちも三人だけの学級の存在を当然のこととしています。言ってはいけない何かが隠されている特別な生徒のいるクラスというイメージです。今から思うと知的な遅れがある生徒だったと思います。自閉スペクトラム症のような生徒たちではありませんでした。

分からないというのは不安や恐怖心をいだきます。三人の中の一人が給食時間に私の在籍しているクラスにやってきて一緒に食べていました。しかし、ただそれだけのことでした。おとなしそうな生徒で、誰と話をする訳でもありませんでした。真面目そうでしたが、三人だけの特別なクラスに在籍している得体の知れない生徒でした。先生も分かりやすく話すことができない程、とんでもない秘密がこの生徒たちにはあるのだと思いました。

そんなある日、私たちのクラスが掃除のことで怒られました。その時に先生はF組を引き合いに出して言いました。「F組には授業で行っているが、みんな真面目で一生懸命に活動している。掃除にしても同じだ。みんなもF組を見習いなさい」というような内容でした。私は「そうか」と思いました。確かに真面目そうだったなあと思いました。しかし、何か心の中に引っかかるものがありました。先生がF組を特別扱いしているような違和感が残ったのです。そんなことよりも、F組って何なのか、その正体を教えて欲しいという気持ちが残りました。しかし、当時の私は「先生、F組って何なの?」と聞く勇気はありませんでした。自分から三人に話しかけて、もっと一人一人のことを知ろうと努力するべきだったと後悔しています。私には、知ろう、関わろう、とする気持ちや尋ねようとする勇気が薄かったのだと思います。情けない中学生でした。

もしもF組というクラスがなくて三人がA～Eのどこかのクラスに混じっていたらとしたらどうだったでしょうか？　恐らく特に何も感じなかったと思います。見た目は私たちと何ら変わらないし、肢体不自由がある訳でもないし、独り言をボソボソ言ったり、ピョンピョン飛び跳ねるなどの行動をする訳でもない。みんなと一緒に勉強できないのであれば、普通クラスの中に授業に遅れて来たり、先生に反抗的だったりする生徒はいました。F組の子たちはそういう生徒でもない。

卒業式の写真にはF組のページがちゃんとありました。そこには見たことのある友達というには程遠い三人の顔が並んでいました。中学校在学中、私はF組について何も分からないまま、知ろうともしないまま卒業しました。分からないなりに推測はしていたと思います。みんなと何かが違う、一緒には勉強ができない「障がい」のある生徒なんだろう、と。「障がい」という得体の知れない何かに向き合うのが怖かったのです。

他と明らかに異なるF組という物理的な環境で私たちにその存在をアピールしているのに、先生からの説明はなく謎の状態が続いている、そんな存在でした。その間に私が学んだことは「F組とはそういう謎の存在なんだ」「先生もF組は特別だと認めているんだ」ということでした。それ以上は詮索してはいけないような、タブーに触れるような感じだったのです。私は「障がい」のある児童生徒と関わる職業に就いたので、少しは「障がい」を理解しようとする機会に恵まれました。しかし、そうでない人々にとってこのような体験は、大人になって社会に出たとき、障がい者への恐怖や得体の知れなさといった感覚、延いては差別意識を生み付けていくことになると思います。そういう人々が多くの割合を占めているとしたら怖いことです。

普通学級の生徒と特別支援学級の生徒という二分化自体がナンセンスですが、それを承知の上で言うならば、お互いがギブアンドテイクの関係でなければなりません。コミュニケーションの元は交換だったと言います。「障がい」のある人とない人がコミュニケーションをとるためには交換、即ちギブアンドテイクの関係性が必要なのです。

交流及び共同学習という活動があります。特別支援学級と通常学級、特別支援学校と小中学校など、形態や活動内容は様々ですが、そこで「障がい」のある児童生徒と「障がい」のない児童生徒が何を学び得るのかということを考えてみます。

「障がい」のある児童生徒の中には肢体不自由や自閉スペクトラム症等、様々な子がいます。知的な遅れのある子、目が見えにくい子、聞こえにくい子、様々な「障がい」があります。同じ「障がい」と言っても一人一人異なります。目の見えない子が目の見える子と一緒に活動することで学ぶことはたくさんあるでしょう。それは、目が見える多くの人々が形成する社会に出ていくために必要なことです。そして目の見える子は、目の見えない子の世界に触れる機会を与えてもらうことになります。それがきっかけで生き方が変わるかもしれません。

「障がい」がみんな同じではないように、性格も一人一人異なります。だから、「障がい」のある子が良い子、とは限りません。当たり前のことなのですが、交流及び共同学習を行うことでプラスになることもあるでしょうし、マイナスの印象をもつことだってあるでしょう。実際「よだれが汚かった」という感想を書いた生徒もいました。その生徒は、もしも違う「障がい」の児童生徒と交流していたら異なった感想をもったでしょう。どちらが良くて、どちらが悪いということはないのです。ここでも「障がい」とは何か？　ということを全児童生徒に明確に説明できないという大前提の上に活動しています。「よだれが汚かった」という感想を書いた生徒は「障がい」の説明を一応は受けた上でそういう感想を書きました。もしかしたら、「そんなこと、どうでも良いから、もっとこの人のことを知りたい」という気持ちだったのかもしれません。

そもそも違う場所にいるから交流及び共同学習をしなければならないのであって、同じ場所にいれば、毎日が交流及び共同学習となります。このような学習を組まなければならないこと自体に問題があるのです。最初から分けなければ良かったのです。分けるメリットをとった結果、このような学習の必要性が生じました。そのメリットと合理的配慮は相反するものです。

『はせがわくんきらいや』（ブッキング）という絵本があります。『みんなみんなぼくのともだち』（偕成社）と共に私の大好きな絵本です。その中で、はせがわくんの友達は、森永のヒ素ミルク中毒で肢体不自由になったはせがわくんのことを「身体の不自由なはせがわくん」とは見ていません。だから、どうして走るのが遅いのか、しっかり歩かないのか、様々な事柄に腹を立てます。一緒に遊ぼう、一緒に野球しようと思っているから腹が立つのです。はせがわくんのお母さんに、説明を聞いてもしっくりきません。はせがわくんは、「障がいのあるはせがわくん」ではないのです。だから「はせがわくんきらいや」なのです。この感情は違和感なく入ってきます。はせがわくんと友達が同じ場所に一緒にいるからこそ生まれる感情です。

それに対して交流及び共同学習はどうかと言うと、どうもしっくりきません。「障がい」と「普通」というくくりの中での交流は、「障がい」とは「そういうもの」という教育を行っている側面がありますす。最初から不自然な状態にしておいて、その不自然さを数回の交流で何とか埋めようとしているような違和感を覚えるのです。

「障がい」という、人がつくった言葉の壁の他にもう一つ、これも人がつくった建物という場所の壁があります。特別支援学級は普通学級と別の教室です。特別支援学校に至っては小中学校と建っている場所が異なります。同じ場所にいることは、人と人が自然なコミュニケーションをする上でとても大切なことです。離れていても、昔は手紙や電話、今はメールやラインによってコミュニケーションを絶やしません。人とはコミュニケーションが必要な生き物なのです。

普通学校の空き教室を利用して特別支援学校の分室にすれば、遠くからスクールバス等で通わなくても、地元の小学校や中学校で地域の友達と一緒に学ぶことができます。学童保育などを一緒に行うこともできるでしょう。しかし、それも集団として分けられた一群をつくり出すことに変わりありません。やはり同じ教室で優れた合理的配慮により個々のニーズに応じた教育をみんなと一緒の場で受ける環境を目指すべきだと思います。

第二章　特別支援学校での関わりから考える

問題にすることができない程大きな問題

特別支援学級の担任をしていた私は、大学院を経て特別支援学校（当時は養護学校）に赴任しました。中学校に勤務していた時には様々な矛盾に憤り、おかしなことがたくさんあることに「ＮＯ」を言わなければ、という思いがいつもありました。

ところが、特別支援学校に来ると児童生徒はみんな「障がい」児ばかりです。ホッとする環境、まるで学校全体が特別支援学級のようです。能天気な私は何も考えずに「障がい」のある児童生徒との関わりに集中できることを喜びました。しかし、それは私にとって有意義な時間を生む一方、問題にできない程、大きな問題の中にいることに後から気づくことになります。特別支援学校は、その存在自体が大きな問題提起なのですが、そのことに気づかない程問題の根は深いのです。

「障がい」のある児童生徒たちばかりがいる特別支援学校に勤務するようになった私は、本人たちから様々なことを学びました。「分かること」の大切さを痛感し、それでも「分からない」もどかしさと対峙しながら楽しく学ぶことができました。大人にとって困った行動のある子どもたちから学ぶ中で、生きている実感を得ることもできました。

先生方も「その道」の方が多く、特別支援学級と違って相談できる同僚が周囲にいる心強さを感じながら仕事ができました。特に当時の自立活動主任や教頭先生は何を聞いても答えが返ってくる方で「すごいなあ」と思う一方、「やる気あるんだろうか」と思えるような先生もいました。

それから二十年以上の月日が経ち、特に発達障がいを取り巻く支援方法や特別支援教育の考え方は一変しました。二十年程前に、構造化などを必死で取り入れようとしたことが当たり前になりました。廊下に出している棚の中がゴチャゴチャしていて丸見えのところに通りがかったある校長が、視覚優位な子にとって余分な刺激はない方が良いと考えて「ここはカーテンか布で隠したらどうか」と言う時代になったのです。

それはそれで良いことだと思う一方で、何かが欠けていると思わざるを得ませんでした。みんながんばり、勉強し、そして、疲れ果てているのではないかと思えるのです。書類の作成など、やらねばならない事務仕事が多くなりすぎたのです。そのことが本当に子どものためになっているのかというと、逆のように思えて仕方がありません。

泣き叫んで暴れる児童生徒は少なくなりました。これは特性を理解して接しようとする特別支援教育の成果だと思います。素晴らしいことです。だからこそ全てが果たしてこのままの路線で良いのか、見落としているもの、こぼれ落ちたものの中に取り返しのつかない大切なものはなかったのか検証する作業を同時に行う必要があるのです。なぜなら、問題は常に「問題にはならないこと」の中にあるからです。かつての私がそうだったように、問題が大きすぎる場合、目の前の現実に追われていると本質を見落としてしまいます。「障がい」のある児童生徒ばかりが通う学校なんて、どう考えてもおかしなことです。小学生が通うから小学校、中学生が通うから中学校、高校生が通うから高校なのです。特別支援学校だけ誰が通うのか説明がつきません。

ダウン症の障がいのある子の出生前診断が行われていますが、これも大切な何かをなくしているように思わざるを得ません。同じようなことが特別支援教育でも進行しているのではないかという危惧を感じます。みんながどんな子でも生まれて良かったと言える社会になるまでどのくらいかかるのでしょう？　「どうにかやっているうちに道は開けてくる」みたいなゆとりを取り戻すことはもうできないのでしょうか？

教師は「教える」ということを生業にしています。何かを教えなければならない、と思い込んでいます。教えている自分に満足したい、自分が何も教えていないと思うことに耐えられないのです。「何もせずに待つ教育をあえてする」のはよく考えないとできないし、なかなか難しいのです。そのために、児童生徒は何を学ぶことができるのか、学びたいと思っているのかというベースを大切にしなければなりません。自らが学び変わることができる人とは「こうあらねばならない」という呪縛から自由な人です。そうあるためには、常に自分を破壊していく勇気が必要です。「教える」ことは

「学ぶ」ことと同じだと思いますが、ともすると「こうあらねばならない」という方法論や経験則からくる自信に支配されたいという欲望の虜になりやすいのが教師という職業だと思います。

児童生徒という「深い森」に分け入って行くための道しるべとなるような切り口としての方法論や経験則を身につけることは、とても大切ですし有益です。しかし、それはあくまでも切り口であって全てではありません。「深い森」の全体像を見ようとする時、児童生徒とは何か？　自分とは何か？　人間とは何か？　環境とは何か？　という問題と対峙せざるを得なくなります。ある方法論や経験則だけで全てを解決しようというのは傲慢です。自分がその方法論や経験則の囚人であるということを承知している謙虚さが常に必要なのです。なぜならば、児童生徒本人からすれば、健やかに成長したいだけで、方法論やその教師の経験則など関係ないからです。

小学部に「アー」とか「ウー」などの発語はあるのですが、言葉の無い子がいました。でも関わりたい気持ちは人一倍強くて身振り手振りや表情、指差しなど、ありとあらゆる手段を使って伝えようとします。そして何となく伝わるのです。伝わらなければ、相手を代えて他の人に伝えようとします。自分なりの伝達手段をもっていると言っても良いような子で、コミュニケーションとは伝える人と受け取る人の共同作業であることを確認させてくれるような子です。

その子に先生は何を教えるかと言うと、カード等の誰にでも分かる手段で伝えることができるようにしようとします。「おねがいします」「できました」「トイレ」等の他に、休憩時間にどこに行きたいか選択できるような場所のカードなどの使い方です。

そのカードは使えるようになりました。しかし、その子は要求レベルの会話ではなく、生活を豊かにするようなもっと多くの内容を伝えようとすることの方が多いのです。「昨日お父さんやお兄さんと釣りに行った」「船で行ってタコが釣れた」等々です。それは、こちらが推測して話しかけることで分かるような内容なのです。「たのしかった？」と聞くと「アー」と言って力強く頷くこともあれば首をかしげることもあります。しかめっ面をしたかと思うと悲しい顔になってしまいます。「船に酔ったの？」と聞くと悲しそうに頷くのです。そういうやりとりの中で会話ができる子なのです。アメリカの心理学者、アルバート・メラビアンという人が行った実験によると、感情や態度の受け止め方は、話の内容などの言語情報が七％、口調や話の早さなどの聴覚情報が三八％、見た目などの視覚情報が五五％だそうです（メラビアンの法則）。言語情報はかなり低く、見た目などが半分以上影響するらしいのです。この子と一緒にいると実感として分かります。

カードを使えるようになるのはもちろん良いことです。しかし、それはこの子の伝えたいと思っていることの中では氷山の一角に過ぎないように思われるのでした。カードで伝えるような内容は身振り手振りや表情でとっくの昔に伝えることができているのです。先生が教えたいことは、この子の中では当たり前すぎることなのではないか、と思えるのでした。もっと豊富な内容のカードを用意すれば良いのかもしれません。しかし、この子がこれまでに獲得していった非公式なオリジナルの伝達方法はどうなるのかなと思ったのです。大人の承認が得られる方法を学ばせるという大人本位の教育をしているのではないかという不安がよぎるのです。この子が言葉の分からない国に行ったとしたら、私たち大人よりも現地の人に自分の気持ちを伝えることができるのではないかと思えたのです。文字よりもグローバルな伝達手段を既に獲得しているのではないかと思えました。それは、この子が特別支援学校ではなく、普通学級に在籍していたとしても同じです。何とか周囲の友達とやっていくだろうと思えたのです。どんなに「障がい」が重たくても、優れた合理的配慮があればみんなと一緒に学びあえるのではないかと思えるのです。

ある高等部生徒が施設の現場実習に行きました。言葉の無いその生徒はストレスがかかると様々な物に当たり、壊してしまうことがあります。することがないと、身体を前後にゆらす、飛び跳ねる、といった感覚遊びに耽ります。実習では器物破損があってはならないと思う一方、できることは体験してもらいたいという気持ちもありました。見通しが立つように、何があるのかカードや実物で分かるように試行錯誤していましたが、なかなか上手くいきませんでした。

実習で本人にストレスがかからないようにするためにしたことは二つです。分かっていないかもしれないことはしない。つまり完全に分かっていることだけをするということです。スケジュールやタイマーの提示は「分かっているかもしれないが、分かっていないかもしれない」という範疇の物でした。こういう場合は「提示しない」ということです。もう一つは、要求や拒否の意思表示が叶えられる状態にするということです。どんな場合でも肩をポンポンするかトイレカードを提示することで部屋の外に出ることができるようにしました。

この二点を実行することでストレスはかなり軽減されたように思います。事実、学校よりも静かでしたし、破壊行動はありませんでした。活動自体も無理をさせませんでした。しかし、することがない状態でこだわりや、自己刺激行動が表出することがあります。やらせすぎるとストレスがかかるし、暇すぎると感覚遊びに耽ってしまいます。どこで見極めるかが大切なのですが、なかなか難しいのです。

自分で見通しをもち、分かって動くことをしてこなかった高等部の重度の生徒たちは、これまでの生活の歴史があるので「言われるまま」の方が幸せなのかもしれないなどと考えたこともあります。今さら自分で分かって動くことを要求するとストレスがかかり問題行動が出る可能性も否定できません。大きくなるにつれて学ぶことも難しくなってくるのです。しかし、それは言い訳に過ぎません。本人がどこまで分かっているのかは、どこまで分かるようにこちらが伝えられるかの相互作用ですから、本人が自分で見通しがもてるような支援をしてこなかったと言うことです。

それまでの教育に責任があるのですが、現在の状態だけを見てやっていることは、良かれと思ってしていることが本人にとってストレスになっている可能性もあるのです。教師がより良くしたいと思って教えたいことと、これまでずっとそういう状態である本人をどこまで尊重するのかということは難しい問題です。問題行動で「何とかしてくれ」ということを表現していれば分かるのですが、ストレスを与えなければ特に問題はないように見えるのです。ただ暇すぎると感覚遊びに入り込みますが……。

何が学べる範囲のことで、何がいらない刺激になるのかよく見極める必要があるのです。良かれと思って何かをするということは、本人にとって良い刺激ばかりとは限らないということを肝に銘じなければなりません。教員が教えたいことと児童生徒が学びたいことが合致している状態は幸せですが、そんなに簡単に分かることばかりではないように思います。児童生徒は常に教育を受ける側です。本人の学びたいと思うことが、教師の教えることであるような状況をつくることに細心の注意を向けなければ、教える側である教師の独断を押しつける結果になりかねないのです。児童生徒の興味関心やリアルな現実に即して教えたい内容を「しかけ」によって自分から学べるようにするのです。

曖昧に身についていることではなくて、完全に身についていることだけが実践では役に立ちます。この実習で私は特別支援学校における自立活動の大切さを改めて感じました。

Aという先生がBという先生に対して「B先生の子どもへの接し方について成沢先生から何とか言ってもらえないだろうか」と言われたことがあります。私は「言いたければ自分で言ってください」と言いお断りしました。なぜなら、B先生のモノサシでとらえた子どもへの接し方について明らかに間違いであるとは思えなかったからです。明らかな間違いでなければ様々な考え方や接し方があって良いのだと思います。明らかな間違いをしないという点で応用行動分析や構造化といった基本的な事柄は学んでおくべきです。その上で方法論の囚人になっている自分を意識しながら子どもにとって有益な接し方を模索するべきなのです。

経験則からくる様々な「こうあるべきだ」という理念を教師は少なからずもっています。それを全部まとめて「こうあるべきだ」という一つの方向にもっていこうとする大きな潮流に違和感があるのです。今、「正しい」と思って向かっている方向も将来は訂正される可能性がある、という考え方を頭の片隅にもっていることが大切です。「間違っているかもしれない」という思いを常に忘れないことです。「狂人と常人の差は、後者がいつ自分も狂人になるかもしれないという恐れをもっている、この一点に尽きる」（渡辺一夫『狂気について』岩波文庫）のと同じです。

私は、体験的に「こうあらねばならない」という教師の想いが子どもにとっては地獄になると思っているためか「この方法で教えなければならない」と考えてもどこかで「いや違う」と思っている自分がいます。本人のことがどれだけ分かっているかというと、分かっていやしないという思いがあるからです。無理に教えようとすると子どもたちはセンサーを働かせて警戒します。先生の背後にある意図を察知するからです。教えるのではなくて共に楽しみ暮らすことができる人でありたいと思います。

一筋縄ではいかない「分かる」という迷宮に決着をつけようとして、様々な事柄がよく吟味されないまま進んでいるように思われます。評価がその良い例です。大人である教師が子どもたちのことを分かり、共に学び成長するということは難しいことです。学ぶことができなければ教えることなどできません。行政や管理職は何をどれだけ担任や子どもたちから学んでいるでしょうか？　学ぶこと、分かることにどこかで折り合いをつけ、諦めているから「評価」したり「指導」したりすることができるのではありませんか？

教えることができるのは、ほんのごく僅かの事柄に限られます。教えるのではなく子どもたちが主体的に学ぶことが大切です。それが学びであり、そうなるように我々は苦心しています。同じ本を読んでも人それぞれで受け取るものが違うように、同じ先生からも個々の子どもたちが学ぶことは異なる、ということを大切にすることです。個々に応じて異なる学びの主体性を大切にすることです。発達や授業づくりの基本などベーシックなものは必要ですから知っていなければなりません。しかし、そこから派生する様々な事象こそが個人なのであり、その個人と向き合っているのが我々なのです。ベーシックな事柄のみに縛られてしまうと、個人という未知なる森の中に迷い込んでしまうでしょう。

学ぶ主体は子どもであり、普通学級の大勢の子どもがいるクラスの授業では、いかに子どもたちが授業に参加し、互いに刺激し合い、学び合うかということの大切さを感じました。教科の授業はもちろん、様々な活動や行事を通した関わりの中で、思いもよらぬ成長をみることもありました。特別支援学級においても学級単独よりも交流学級や多くの友達との関係の中でハッとさせられるような成長をみることができました。そして、特別支援学校になると、その子をどう変えるかという教師対本人の視点からのアプローチが圧倒的に多くなりました。「障がい」のある子どもが他の「障がい」のある子どもとの関係性を築くことはお互いが難しいのですから、このような環境自体に問題があるのです。

特別支援学校に転勤してからの私は、元々マニアックな事柄が好きだったこともあり、様々な検査や療育方法などを身につけることに専念しました。中学部で片方の指先に麻痺のある生徒に対して、紙すきの作業で牛乳パックちぎりをさせていました。作業療法士とも相談してリハビリも兼ねた自立活動でした。数カ月経ってお母さんが喜んで言われました。「この子は納豆が好きなんですが、自分で醤油の袋をちぎって開けることができるようになりました」。納豆の醤油袋が開けられるようになることを想定していなかった私は、喜ぶと同時に何だか自分の浅はかさを思い知らされました。それが専門性だと思っていたのです。

本人へどう関わるかという一対一の関係性ばかりでは、多くの友達と関わる中での成長は、あまり期待できません。特別支援学校は、そういう意味で構造的に関係性の中での成長を阻害しているという側面があります。各学部で行う交流及び共同学習の度に思うのは、いつもこういう状態であれば良いのになあということです。同年齢の集団の中にいる時、学習内容を学ぶだけでなく、ただそこにいるだけで見えない栄養をお互いに吸収しあっているように感じます。それは教師や大人では提供できない栄養です。

高等部の交流及び共同学習で農業や園芸科のある高校へ行った時には、高校生のパワーに圧倒されました。女子の多い学校で賑やかな交流でした。二人一組で新聞紙を持ち風船を運ぶ競技や神経衰弱のように野菜やくだものの写真と絵を合わせるゲーム等、支援学校の生徒に合わせようと自分たちで活動を考えてくれています。

ワイワイ言いながら盛り上がりゲームも終わった時、あるグループの女子が支援学校の男子にちょっかいを出し、その男子も蹴るマネをして応戦しています。二人は立ち上がり、身体をぶつけないようにお互い配慮しながらボクシングごっこのようなことが始まりました。やがて高校の男子生徒がレフェリーとして参加し、いよいよボクシングごっこに発展していきました。ゲーム後のエキジビションということで時間いっぱいになるまでみんなで楽しく過ごしました。

最初にボクシングを始めた支援学校の男子生徒は、楽しいことは好きですが、積極的にそんなことをする生徒ではありませんでした。帰りのバスでも手を振り、名残惜しそうでした。

交流は年に二～三回でしたが、もっとあっても良いと思わずにはいられませんでした。支援学校の中では見せない姿がそこにはあります。

「障がい」のある児童生徒の教育に固執すると、人は人の中で育つという当たり前のことを忘れてしまうという危うさがあることを心に留めて置く必要があります。

視点を変えることができるか？　――先入観の囚人としての教師

例えば、プールに入る前のシャワーの所でじっとしている自閉症の子がいたとしたらどうするでしょうか？　その場面を二者の立場から考えてみます。


～先生の視点から考えると～

（どうしたんだろう？　この子、早くしないとみんな待ってるのに）

「ほらシャワーあびて」

その子はじっとしたままです。

「行くよ」（と言ってその子の手をつかんでシャワーの所に連れて行く）

「ウワーッ！」

シャワーが身体に当たった途端、その子は泣き出してしまいました。

「はいはい、大丈夫！」

「ウワーッ！　ウワーッ！」

先生は泣き叫ぶ子にシャワーを浴びせます。

「はい、もう終わったよ。そんなにいやがらなくても大丈夫だよ」

その子は、先生を恨めしそうにジッと見ていました。

（どうしたんだろう、この子？）


〜本人の視点から考えてみると〜

（シャワーいやなんだよな、刺されるみたいに痛くて）

「仝#、シャワー〆@§」

（無理だよ）

「&〃＊§」（突然、手をつかまれぐいぐい連れて行かれる）

（こわい！　何するんだ！）

「ウワーッ！」

（痛いよ！　痛いっ！）

「はいはい、だい&ょう＊」

（痛いんだよ！　助けて！）

「ウワーッ！　ウワーッ！」

（お願いだからもう止めて！）

「&‖＊〃☆‡〜＝♭〜♂〃？▲‡♀〃&〜&※↓○〃&〜∡@＃＃〜&」

（この先生、大嫌いだ‼）


これが正しいという訳ではありません。私の考えた「本人の視点」です。自分の視点を相手の視点にすることは不可能ですが、相手の視点に立とうと意識することは可能です。それができるかできないかで関わり方に決定的な影響を及ぼすように思えます。

私たちは先入観の囚人なので、自分の常識に囚われています。その常識を疑うことができるか否か、が問われるのです。それは、自分の中にあるこれまでの経験を否定する苦しい作業です。

例えば、走っている自動車が道路から離陸して空中を飛んだとします。その情景を見た時に驚くのは大人と乳幼児とどちらでしょうか？　「自動車は空を飛ばない」と思い込んでいる大人の方が驚きは大きいでしょう。その情景をはじめて見る乳幼児にとっては、大人ほどの驚きはないと思います。経験によって培われた「こうに決まっている」という我々の中にある常識が、視点を変える上で邪魔になります。言い換えれば「いかに子どもでいられるか」ということかもしれません。これが子どもとの距離を縮め共感の幅を広げる秘訣のような気がします。全ての大人がこうでなければならない、と言っているのではありません。「こうあらねばならない」という考え方は、どこかで間違いを犯す危険性をもっていることを意識する必要があるのです。

先程の場面は自閉症の子と先生との関わりでしたが、この子に感覚過敏があることを先生は分かっていたのか、という問題があります。シャワーが針のように皮膚に突き刺さり痛いという感覚は私にも分かりませんが、そんな感じがするのかもしれないと想像することはできます。自分にはそんなものはないから当然この子にもあるはずがない、という先入観に囚われて「○○かもしれない」と想像できなかったところに問題があります。問題にできるかどうかは想像力にかかっているのです。

自閉スペクトラム症の子は、感覚が過敏だったり鈍感だったりすることがあります。例えば我々が歯医者で麻酔をした時、麻痺して鈍感になった部分を舌で触ろうとします。自閉スペクトラム症の子どもがくるくる回ったり、飛び跳ねたり、自己刺激行動を行う場合、鈍感な部分に感覚刺激を入れようとしている可能性があります（他にも原因は考えられますが）。

先入観は誰にでもありますが、この先生の問題点は、この子がなかなかシャワーを浴びようとしないことについて、なぜその理由を考えようとしなかったのか、ということです。決定的なのは、泣き叫んで訴えているにも関わらずその訴えに耳をかそうとせず、自分の思い込みのまま「こうあるべき」という行動を強要したことです。途中で何度か自分の先入観を疑うべきではないか、というサインを子どもから送られているのに先生は硬い石のように何も変わりませんでした。もしかしたら、考えたかもしれません。その結果、「ここは無理矢理にでもシャワーを浴びさせた方が良い」という結論になった可能性もないとは言い切れません。しかし、保護者が見ていても同じようにシャワーを浴びさせたのか、説明を求められた場合、説明できるのか、ということが重要です。なぜなら、先生の想いとは別に、この子にとって、この場面は地獄以外の何物でもなかった可能性があるからです。

こういうことにならないために必要なのが視点を変えようとすることなのです。その際、どの視点で何を見ようとするかは自分のモノサシに依存している、ということを知っていることが大切です。

学校から話が逸れますが、戦場の様子を伝える場合にしても、どちらの側の視点で伝えるかによって印象は全く異なりますし、戦場になっている水田のカエルの様子を伝えることだってできるのです。ハリウッド制作の戦争映画は、そのほとんどが「格好いい白人」か「戦争の中で苦しんだ善良な白人」というのが主人公です。本当に悪いことをした白人に自分を置き換えるのは観客としても気分が良くないからでしょう。

戦争というのは、視点を変えないという大前提の上に成り立っています。もしかしたら相手も自分たちを殺すのは嫌なんじゃないだろうか、などと考えていては自分が殺されるのです。「こうあらねばならない」という思い込みを極限まで強固にしたからこそ軍隊が成り立ち、中国や東南アジアなどでの残虐行為ができたのだと思います。アメリカだってドイツだって、どこの国も戦争という状況の中では殺し合うのだから日本だけが自虐的に反省するのはおかしい、という比較で相殺しようとする論法は間違っています。悪いことをしたのは事実なのですから、それについて謝るのは当たり前のことです。加害者がいくら解決済みと言っても、被害者が解決していないと言うのだったら解決していないのです。ドイツのように戦後問題について正面から向き合い、きっちりと解決してこなかったからいつまでもこの問題が尾を引くのです。被害者に誠意をもって向き合うこと、被害者が誠意を感じることが重要なのです。自虐と反省は同じではありません。

元政権下で官房長官や幹事長を歴任した野中広務氏は次のように言っています。「つい七十年ほど前に『鬼畜米英』『八紘一宇』といったスローガンを掲げて、まっしぐらに戦争に突入した民族である。政治家だけでなく、マスコミや国民も一丸となって、一つの方向に走っていく怖さを身をもって体験した。それも理屈ではなく感情によって、雪崩を打つように行動する国民性を知っている……政治家の目はどこを向いているのかと言いたくなる。弱者や虐げられた人に対する政治家の『鈍さ』は、差別と根っこでつながっていると思うのだ」(辛淑玉・野中広務『差別と日本人』角川書店)。

核保有国がいくら核廃絶を訴えても説得力に欠けるのは「私たちは核を捨てないが、君たちは核を保有してはいけません」と言っているからです。「自分は武器を捨てないが、君は武器を持ってはいけません、それが平和です」と言っているのと同じです。IAEA(国際原子力機関)は一九五三年、アメリカ合衆国大統領のアイゼンハワーによる国際連合総会演説「平和のための核」を契機として創立されていますから、アメリカに不利にならないようになっているのです。二〇一七年、国連で採択された核兵器禁止条約に日本は核保有国のアメリカ、中国、ロシア、イギリス、フランス、インド、パキスタン、イスラエルなどと共に不参加の立場をとりました。アメリカの傘の下で安全保障を強いられているとはいえ、唯一の被爆国として情けなくはないのでしょうか？　また、『はだしのゲン』が学校の図書館で閲覧制限を設けた教育委員会や図書館がありました、偏っている、と考えた自分たちが偏っているかもしれない、と考えることができなかったのでしょう。偏っているかどうかは読者が決めることであり、その機会を奪うのはやってはいけないことです。右傾化する日本はかなり危険な状態になりつつあります。

目先の現実ばかりに目をとられている世界に合わそうとすると、その結果行き着くところは人類全体の滅亡です。五百年先、千年先、平和な地球であるために大切なことは、日本が、私が、という狭い価値観ではなく、人類が生き残るために必要なことは何か、という視点を変える柔軟さなのです。学校現場から世界平和まで、その根幹にあるものは同じです。「こうあらねばならない」という幻想から逃れる勇気、そして視点を変えようとする柔軟さです。

そのためには末端の現場を知ることです。爆撃機のパイロットや発進させたお偉いさんは爆弾を投下した地上で何が起きているか知るべきなのです。言葉の無い「障がい」児の視点に立とうと思ったら、一週間、何も話さずに暮らしてみることです。缶コーヒーを飲んだ後、最終的にその缶はどうなっていくのか知るべきなのです。相手の視点に立とうとすることは自分が変わることです。何かをしてもらうのではなく何かをしようとすることであり、相手を助けなければ自分も助かることはできないことを知ることです。

大人の都合の中で生きる子どもたち

「特別支援」の必要な児童生徒ばかりを集めることによって起こる弊害は、子ども同士の学びを阻害するだけではありません。奇声を発する、ウロウロする等「障がい」があるゆえの行動が許せなかったり、嫌だったりする子がいます。「障がい」のある子同士が同じ場所にいることによって不安定になる、という「障がい」児が結構います。これは明らかに、特別支援学級や学校のマイナス面です。

自分から行動することができにくく、担任や教頭が力ずくでオムツを替えたり、バスに乗せたりすることがあった自閉症の子は、大人に対して引っ掻く、噛みつくという行動が増えていきました。学校という枠の中では四〇分かけて食堂から教室に戻ったり、スクールバスの乗降を当人の気の済むまで待つ訳にはいかないのです。「待つ」という教育をするためには、教師の心の余裕、時間の余裕が必要です。学校という枠に規制されて、大人の（〇〇させなければならない）という義務感を優先させると、本人が自分からやろうとする機会を奪ってしまうことになるばかりか人権を蹂躙する危険があります。気乗りしないことでも心を調整して、分かった上で自分から行動すること、大人は子どもを変えようとするのではなく、その子らしさを味わうという気持ちが大切です。まず学校ありきで始まる枠からはみ出る子は、学校そのものに問題提起をしているようでした。

児童生徒の状態像をどう観るのかということは、その根底に人権意識がなければなりません。子どもは未完成な準備期間であり、完成された大人に向かって学ばなければならない存在であるという考え方もあれば、子どもはその存在自体が子どもという完成された一人の人間であるという考え方もあります。今は〇〇歳だからこのようなことができ、次はこのようなことが課題になる、という発達を知ることはとても大切なことです。これは「『関係の中の個』を『個の能力』に分離・抽象化するとともに、時間軸上の変容過程を『子どもから大人へ』というふうに定式化した黎明期の発達心理学」(小林隆児・鯨岡峻『自閉症の関係発達臨床』日本評論社)によるものです。そして、このような視点により、できることの増大が即ち発達であるという見方が浸透していきました。発達は一生続くものですから、全ての人は発達途中ということになります。小学校に入学する孫を見守る時の気持ちは今の私には分かりません。大人という完成した姿に向かって成長するというよりも、むしろ、教育や保育に携わる大人はどれだけ子どもでいられるかが大切だと思います。子どもの目線でどれだけ共感できるか、遊べるかが問われるからです。

大人になると、私たちは上りのエスカレーターに乗っていることに気付かず、知らず知らずの間に心が硬くなっていきます。上りのエスカレーターの上に立っていることを意識しながら、常に下っていなければなりません。子どもと一緒にいると、変化する子どもについて行けない、という現象がおこります。これは大人の視点が固定的だからであり、子どもとのズレです。同時に大人が自らの視点を広げるチャンスなのです。それには勇気が必要です。

幼稚園の頃に漠然と「自分はなぜ生きるのか」と考えたことがあります。その時、すぐに出した答えは「楽しいから」でした。人によって楽しみは違うと思い、それを確認しようと大人たちに「楽しみって何?」と聞いていたことがあります。「自分はなぜ生きるのか」に対する答えは、今も幼稚園の時に出した答えと変わりません。五十歳代だから、六十歳代だから、教員だから、大人だからなどという外から自分を縛る枠組みからいかに自由でいられるかが問われます。私は自分の倫理観に従って心の命ずるままに動ける人でありたいと願っています。

よく考えると、全ての活動は良い意味でも悪い意味でも大人の都合によって仕組まれています。活動や日程を決める会議の場所に本人はいないのです。前述の、自分から行動できにくい子と同様、学校ありきで始まる枠から外れる子は学校の在り方そのものに対するアンチテーゼなのです。学校にしてみれば都合の悪い子です。特別支援学級も通級もそういう子を排除するという構造から成り立っているという側面があります。そして、特別支援学校自体が「都合の悪い子を受け入れる場」という役割を負っており、その中でも先生を困らせる児童生徒は、「特別支援学校の次にはどういう排除の構図をつくるのですか?」と我々に迫っているように思えます。「子どもはどんな子も分離を望んではいない。大人は、親も教師も子どもの選択を妨げてはならない」(子どもの権利条約の趣旨を徹底する研究会『子どもの権利条約と障害児』現代書館)と思います。

特別支援教育における教科書についておかしなことがあります。普通の小学校、中学校、高校には教科書があります。特別支援学校にも教科書があります。しかし特別支援学校用の教科書というのは数が限られています。ほとんどは一般の書籍から教師が選定して購入することになります。「ことばの図鑑」「たのしい調理」等々、役に立ちそうな書籍を選びますが、これまでの経験からあまり活用されることはありません。学習形態が座学習だけではないので、教科書を使うことがあまりないのです。実物や様々な活動を通した学習が多いため、書籍という形のツールでは事足りないのです。

そういうことを考慮するならば、文部科学省は特別支援学校用の検定済教科書を小学部、中学部、高等部において今よりももっとたくさん選べる程度用意するべきです。もっと言えば、「障がい」があっても、普通学校でみんなと一緒にいながらニーズにあった教育を受けることができるような合理的配慮の行き届いた教科書や教材を用意するべきなのです。それも書籍という形式だけに囚われない実用的な物です。購入した書籍が役に立っていない現在、予算だけとって一応教科書はあります、ということを示すための教科書になっているように思えて仕方ありません。こう言うのを税金の無駄遣いと言いますが、予算を削れと言うのではありません。もっと合理的配慮のある物をつくるべきだと言っているのです。

その一方で、自閉・情緒の学級では普通学級と同じ教科書を使うことになっているため、学習内容についていけずに不登校になってしまったケースもありました。この矛盾をどう考えるのでしょうか？

「分かる」ということについて考える

分からないのは不安で怖いものです。知らない場所に行く、知らない人に会う、何をするのか分からない、いつ終わるのか分からない……。これらは不安で恐怖を伴います。小学生だった頃、「障がい」という言葉を聞いた時、「怖い」と思った記憶があります。分からないから怖かったのだと思います。

先生はプライドが高く「分からない」と声に出して言うことが苦手な集団です。大学生が卒業してすぐに「先生」と呼ばれる職業は滅多にありません。私も新採用だった頃、昨日まで学生だったのに、四月から先生と呼ばれることに違和感を覚えました。経験を重ねるにつれて「分からない」と言ってはいけないということがすり込まれているように思います。

発達心理学者、エリク・H・エリクソンは「学ぶことができる人だけが教えることができる」と言っています。分からないと思うことができるから学ぶことができるのです。分からないと思うことができなければ学ぶこともできません。知識を伝えるということが教えることの大きな柱の一つですから、伝授する側とされる側という関係だけであれば「教える—学ぶ」で済むでしょう。しかし、人間関係を基調とした伝授ですから一人一人抱えているものが異なりますし、当然そこには教える教師の人柄が影響します。特別支援教育の対象となる児童生徒はなおさらです。そこでは知識の伝授以外に必要なもの、例えば人間の見方や人生観などが問われることになります。先生は常に子どもと人、子どもと活動などの学習体験を仲介しています。そのため教師は教える内容に関わらず、常に自分自身の生き方や個性が子どもに影響することを忘れてはいけません。人は教えられたことを学ぶ側面もありますが、自分がしてもらったことや学びたい人から学ぶ生き物だからです。

「分かるとはどういうことなのか」という問いは、その中で最も大切なことだと思います。

昇降口で小学部の自閉症の児童に靴を履くように働きかけている年配の男性教師がいました。児童は靴を履きつつありました。そこへ女性教師がやってきてこう言いました。

「自閉症の子は言っていることが分かりにくいんです。それに二つのことが同時にできにくいんです。今、話しかけないでください」

すると、その男性教師は黙り込んでしまいました。

この場面に出くわした時、私は何となく違和感を覚えました。自閉症の特性について話した女性教師の言っていることは正しいし、言葉にした勇気にも敬服します。しかし、この児童にとってはどちらが良かったのだろう、と思ったのです。この児童は話すことができませんでしたが、もしもこの場面について話すことができたら何と言ったでしょうか？　「その通り、私の苦しんでいることをよくぞ伝えてくれました」と言ったのか、それとも「このおじさん先生、何言ってるか分からないけど何となく声の響きが好きなんだよね」と言ったのか、あるいは全く違うことを言ったのか。後者の可能性もゼロではないように思えるのです。

「『わかる』というのは、『私の定規』によって無理やりおさえつけたものだけが『わかる』ことである以上、『私の定規』によって『黙らせられたもの』『傷つけられたもの』『こぼれ落ちるもの』が必ず存在するということです。決して『ありのまま』が『わかる』ということではない」（藤本一司『倫理学への助走』北樹出版）のです。モノサシに当てはまらない多くの部分は「分からない」ままで関わることになるのです。例えば、お茶碗を手に持って食べることができない子どもを見た時、目と手の協応ができていないという見方をすることもできるし、ラテラリティ（左右の優位性）が確立していない（利き手ではない方が補助の役割を果たしていない）と見ることもできます。もっと別の見方をすることも可能でしょう。

子どもと関わる時に大切なことは、お互いが「つながっている」という実感を共有することです。その実感を得るための関わり方は人それぞれだと思います。「こうあらねばならない」と言える程それは簡単なことではなく、マニュアル化できにくい性質のものです。なぜならば、常に「子どもそのもの」という実態があるのではなく、子どもと関わる私との間に子どもの存在はあり、私もその関係性の中にあります。私と子どもはお互いの関係性に規程されるからです。子どもは「分かってもらえた」という実感が得られなければ分かってもらうことに力を注いでしまい次の段階に行けません。そして本当の専門性とは何か？　という問いの答えがそこにはあるように思えます。

問題なのは子どもにとって意味があるかどうか、何が学びにつながるのか、関わる大人のセンスに依るところが大きいと言うことです。子どもの見えない可能性を見ることができるかどうか、子どもの視点に立とうとしているかどうかにかかっています。分からないけど学びにつながる何かがありそうだと感じるセンスが大切なのです。目に見えないものを見ようとする心眼とでもいうようなものです。この女性教師が伝えた一面は正しいのですが、それがこの子の全てかどうかは分からない、ということを分かっていたかどうかが問題なのです。

子どものことを分かろうとすることは、その時々に仮説を立てて関わることができるか、子どもと自分との物語を語ることができるかということにかかっています。つまり「ここここの関係はこうなっている」という自分なりの仮説を導き出すことができるかどうか、ということです。それには想像力が必要です。「こうかもしれない、ああかもしれない」という想像力を巡らし、それを実践の中で検証しながら「いや違う、こうかもしれない」と修正することができるかどうかということです。

私の失敗談をお話しします。肢体不自由の児童生徒が通う特別支援学校の高等部に転勤した一年目のことです。高等部一年生のクラス担任だった私は、車椅子の後ろに掛けられたカバンを毎日開け閉めしていました。カバンの中に入っている連絡帳や着替え等々を出し入れするためです。担当ではありませんでしたが、言葉の無い女子生徒のカバンも連絡帳を書いたりオムツを出すなどしてよく触っていました。お母さんとお話しする機会も度々ありました。

一年が経ち、私の娘が高等学校に入学することになりました。入学に当たってカバンを買いにデパートに行きました。「へえ、高校生が持つカバンってこんな形なんだ」と思いました。特別支援学校に戻り二年生になったあの女子生徒のカバンを見ると、正に高校生が持つカバンだったのです。しかも可愛らしいキーホルダーまでついていました。一年前、高等部に入学するに当たり、お母さんが高校生らしいカバンを選んで買いに行ったに違いないのです。一年間そのカバンを触っていたにも関わらず、私はそのことに気付かなかったのです。カバンに秘められた親の心が分かるまでに一年間かかったのです。心の目を向けようとしなければ、近くにあっても見えないものがあるということに気付かされました。

また、こんなこともありました。私が特別支援学級の担任をしていた頃のY君とは映画を観に行ったり食事をしたりすることがよくあります。『ごくせん・THE MOVIE』という映画を観に行った時のことです。上映まで時間があり、Y君の希望で昼食をオムライスのお店で食べることになりました。混んでいてやっと順番が来ました。Y君はハンバーグ乗せオムライスを注文しました。出てきたオムライスを見てY君は言ったのです。

「ごはんは?」

店員がオタオタして言います。

「ライスはハンバーグの下になっております」

Y君はしつこく食い下がります。

「白いごはんは?」

店員は、助けを求めるような視線で私を見ます。

「Y君、オムライスっていうのはね……」

私はY君にオムライスの何たるかを書いて説明しました。Y君は納得したかどうか分かりませんが、食べ始めました。混雑している店内で客がこちらを注目しているのが分かります。私は冷や汗をかきながらオムライスを食べて店を出ました。

映画が始まりました。ヤンクミこと山口久美子（演－仲間由紀恵）の教え子である風間廉（演－三浦春馬）が麻薬の運び屋のようなことをさせられています。心配した同級生が探し出してヤンクミの所に連れて来るシーンです。風間廉が言います。

「俺、卒業してもヤンクミに迷惑かけて、合わせる顔がないっていうか……」

するとヤンクミが言い放つのです。

「バカ野郎！　教師ってのはな、教え子から迷惑かけられてなんぼなんだよ！」

私はこの言葉にジーンときました。そうだ、さっきオムライスの店で迷惑かけられたよな。Y君はこのシーンをどんな顔で観てるんだろう、そう思ってY君の方を見ると、こちらを見てニヤーと笑っています。Y君もこのシーンから、自分が迷惑をかけたことを考えることができるようになったんだと思うと嬉しくなり、暗闇の中で私たちはしばらく笑顔で見つめ合っていました。

別の機会にY君と買い物に行った時のことです。グループホームで生活しているY君は下着を買うというので、ついて行きました。二枚で四八〇円の一番安い物を選んでいます。そして若い店員のお兄さんに「このヒートテックは寒さに勝てるのか？」と詰問しています。「はあ、勝てると思います」という言葉を引き出すと安心してレジに行きました。

その後、マクドナルドに入りました。セットの飲み物をゼロコーラにしています。「身体に気を付けてる」とのこと。特別支援学級に在籍していた頃に比べると格段に成長したY君に驚きました。

そんな立派になったY君に「戻れるとしたらいつに戻りたい？」と聞いてみました。「高等部では怒られるばかりだった」と言った後、こう言ったのです。

「生まれる前に戻りたい」

私はドキッとして聞き返してしまいました。

「なんで?」

「だって、今の俺、ダメすぎる」

外から見たら、ものすごく成長して立派になったと思えるY君なのに、彼の中では自分はダメだ、と思っていたのです。Y君のことはよく分かっていると思っていた私はショックを受けました。私が「分かっている」と思っていたY君と実際のY君の気持ちはこんなにもかけ離れていたのです。

「分かる」ということは、「私が分かったと思っていること」なんだと反省させられました。「Y君自身」と「私の認識しているY君」は違うのです。学校における児童生徒と先生の関係、保護者と担任、担任と管理職、同僚同士、全て同じだと思います。教師が児童生徒のことを「分かったと自分が思っている」、担任のことを管理職が「分かっていると自分が思っている」にすぎないのです。

私たちは何を「分かる」ことができるのでしょうか? 答えではなく問いこそが大切であることを「分かる」ことです。「分かる」ことができるかどうかは、何を問題にできるか、どれだけ「変わる」ことができるかにかかっています。

訪問教育という希望

訪問教育をはじめて担当したのは五十四歳の時でした。至福の時間でした。ここには汚されていない何かがある、と思いました。「一人の生徒にとって必要な教師であれ」「一隅を照らす」のが私のモットーであったためかもしれません。

生徒は先天性の福山型筋ジストロフィーです。お姉さんも同じようにベッドで過ごしています。この二人に加えてお母さんやおばあちゃん、看護師のいる部屋での授業です。「ここで私は二時間、何をすればいいのだろう?」と思いました。二四時間、呼吸器をつけて、活動が制限される中での教育とは、何ができるのだろう、と思ったのです。それは私が幼稚園の時に抱いた疑問「人は何のために生きるのか?」と同じでした。そして、すぐに答えが出ました。楽しい時間を過ごすこと、です。

最初の四月、途方に暮れながらも迫り来る授業をどうするかで毎日悩んでいました。土日は終日その準備に明け暮れ、その一環としてなじみの本屋に通い詰めました。保育のコーナーで目にしたペープサート(紙人形劇)の数々。それを見ながら、自分でオリジナルのペープサートをつくれば良い、と思いついたのです。本人が主人公のヒーロー物語を作成しました。脚本からキャラクター、BGMまで作成には時間がかかりましたが、元々SFやテレビが大好きだった関係からネタは売るほどあったので楽しくて仕方ありませんでした。教材にしても同様です。「楽しい」「輝いた記録」ということをキーワードに、好きなことをやりたいようにできる、しかも、やらざるを得ない、そういう環境で私は自分らしさを出せるのだと思いました。私は、小さい頃から友達を笑わせるのが好きな子どもでした。ふざけすぎて先生から注意されることもしばしばありました。そんな私の本来の姿を出すことができる空間でした。更にお母さんはそれを「楽しい」と言ってくれました。私は、この家で私らしさを認めてもらえたことの喜びを感じました。目前のことに一生懸命取り組み、自分の誠実さを出すことができたと思います。笑ってもらうこと、楽しむことが元々自分に合っているのでした。最初の訪問の家庭が、お母さんやおばあちゃん、看護師などと一緒の授業であったことは幸せの極みだったと思います。ヘルパーさんをはじめとした様々な機関の方々が数名関わっており、授業時間に一緒になることはありませんが、入れ替わりで挨拶することも度々ありました。数名のヘルパーさんによる洗髪の様子を見学させていただいたり、訪問での耳鼻科の診察やPT（理学療法士）の訓練の様子を見せていただいたりしました。

ある日、看護師が「一緒の仲間だからね」と言ってくれたことが嬉しくて、それから「なかまたち」シリーズがはじまりました。教材の中で、許可を得てお母さんが撮影してくれたみんなの顔写真を使いピクニックに行ったり、水泳大会に出たり、ハロウィンをしたり、森の中で遊んだり、雪合戦をしたり、初詣に行ったりしました。お母さんやおばあちゃんも喜んでくれました。

一生懸命やったことが喜んでもらえる仕事、生き方。訪問教育にはそれがある、と思いました。生まれ、死ぬ、この間の今があるのは、障がいがあろうとなかろうと同じです。今は楽しいのが良い、だから楽しませたい、笑ってもらいたい、そんな欲望が根底にあります。子どもの頃からそうでした。笑わせるためには、プライドはいりません。一番底辺にいること、馬鹿にされていることが笑わせる基本だと思います。だから、重度の障がいのある子どもにも馬鹿にされたいと思うのです。

平熱だけど、ほんの少しだけ風邪気味のように思えたので、学校には行っているのですが念のため訪問教育を休むことになりました。お母さんに電話すると、「熱がないのなら大丈夫じゃないですか」と言われます。「いや、少しのどが痛い」と言うと、「マスクしてるから大丈夫じゃないですか」と言われるのです。「お母さん、ねばりますねえ」と言ったら、電話の向こうで笑い声が聞こえます。そして「分かりました」と言われました。ほんの少しの笑いと引き替えに、休んでいいよと言われた気がしました。授業を楽しみにしてくれていること、笑いを期待してくれていることが本当にありがたいと思いました。

毎回、授業の様子をお母さんや看護師が写真に撮り、スケッチブックに貼り付けて記録します。前担任からの引き継ぎで最初は大変だと思いました。でも、日々の記録、授業を楽しむ様子を残したいという気持ちが伝わってきます。そんな記録の大切さについて考えました。授業の記録写真をみて懐かしむ日が来るかもしれない、と思うとより良い物を残さずにはいられない気持ちになったのです。

心を開くと何でも話せるようになり、訪問先はとても居心地の良いものでした。

小学生の頃、友達の家に遊びに行っていた感覚。給食の時、牛乳が飲めないほど笑った時間。そんな楽しい空間がそこにはありました。その想いを歌にしてみんなで歌っていました（94頁参照）。

お正月の年賀状には「授業、毎回とても楽しいです。裏で地道な作業をコツコツこなし、いつも楽しい授業をありがとうございます。いつのまにやら仲間になって大きな声で歌うのも楽しいし、毎回大笑いさせてもらっています。今年もよろしくお願いいたします」と書かれていました。素直に嬉しかったです。

一人一授業、というものが校内でありました。指導教諭を中心に専門性の向上を目的に企画されたものです。指導案を書いて先生方に見に来てもらい感想を聞いたり指導講評してもらうというものです。これには困りました。

指導案とは、授業の目的を達成するために題材を選び、その仕掛けを考えてシナリオにしたようなものです。目的は楽しい時間を過ごす、です。医療、看護、福祉、訓練、全てが関わっています。そんな中で教育に何ができるのか考えました。その時間を楽しく過ごす、これに尽きました。これをやるとしたら、この中では教育だと思ったのです。訪問する空間が教室であり、空気を楽しいものにすることから始まる授業でした。

雰囲気を感じて楽しむことが多いので、本人を楽しませるためにはお母さんやおばあちゃん、看護師など周囲の大人も楽しくなければならないと思っていました。生徒本人と共に周囲の大人にも働きかける必要があります。状況は刻一刻と変化します。その中で楽しいやりとりをしながら雰囲気を楽しくする、ということが求められているのです。これを指導案というシナリオにするのは非常に難しく無理があるように思われました。指導案という枠に入りきらないために書けないことが分かったのです。訪問での笑いはシナリオに沿って意図的につくり出せる類のものではありません。指導案は意図が大切ですが、実際の場面は意図通りにはいかないものなのです。

そのことを指導教諭に伝え、他校の実践収録の指導案なども見せてもらいました。しかし指導案を書くことはできませんでした。

指導案が書けないことによって困るのは担当の指導教諭くらいなのです。本人は困らない。なのに私は困って心を病んで来ていました。日々が楽しくなくなっているのです。この状況は何なのか？誰のために指導案を書くのか？　そう考えると、書けないものを無理に書く必要はない、という結論に達せざるを得ませんでした。ある特別支援学校の教員が心を病んで来られなくなったという事例を幾つか知っていましたが、そのようになってしまったのではないか？　子どものために良い授業をしなさいという「押しつけ」。こうやれば良い授業ができる、というゴールがありそれに向かって努力するべきだという幻想。学び合いとは、そんなに単純なものではありません。学びとは、他者がおしつけるものではなく、自分で決めるもの、自ら学ぶことなのです。

リアルな現実は立場によって異なります。教育委員会や管理職にとって、先生の不祥事が起きて新聞沙汰にならないようにするのはリアルな現実でしょう。私にとってのリアルな現実は教材研究やギターの練習等々、授業づくりです。保護者にとっては子どもの健康状態、今の授業が充実して楽しいかどうか、更に卒業後はどうなるのかということがリアルな現実です。個別の指導計画の説明は必要ないと言われました。紙に書かれた物より現実が大切なのです。訪問教育でこの家に行くと教育委員会や学校など教育分野の身勝手さや自己満足を痛感させられました。

しかし、この学校の教員として一人一授業はみんながやっているルールなのです。やることになっているのに一人だけやらない、ということが組織は許せないのです。私も自分だけやらない、ということに罪悪感をもちました。それは小学校の頃、給食が食べられなかった自分に対する罪悪感と同じでした。でも書けない。あの時、給食の肉が食べられなかったように。そのことに関して教頭から職員室で話しかけられると他の教員に知られてしまう、という恐怖が生じました。その結果、職員室が怖くなりつつありました。システムを犯す者はシステムに同意する全ての人を敵にまわすことになります。幻想に基づいたシステムは、はみ出す者を生み、「はみ出さないで」と言われるほど行き場を失います。人が怖い、職員室が怖い、そのことを副校長と話す機会がありました。教頭が職員室で二回目に話しかけた時、「その件に関しては私に一任してください」と言ってくれたのです。「校長、指導教諭と話すので心配しなくていいから」と言ってくれました。そして少し楽になったのです。

人に話せる悩みとは本当の悩みではありません。話した時点で自分の中では解決しているものです。何を解決できるかではなく、何を問題にできるかが大切なのです。

訪問の授業の中で自分が悩んでいることを口に出しました。本人に相談する形で。それを横で聞いていた看護師は「主人がそういうことを言ったら、仕事は楽しくして欲しいんよ、と言うんよ」と言われました。お母さんもふんふんと聞いてくれました。話せる雰囲気が訪問の授業空間にはありました。笑いの中のカウンセリング。よく考えるとしようもないことなのですが、重大なことかのように思わせるのが教員集団であり真面目な人々なのです。こういうことが非常に多く、自分達で疲れる空間をつくっているように思えます。

学校でのストレスを訪問の授業で解消できることが多々ありました。こんなことで良いのだろうか？　という疑問が常にありましたが、お母さんは「良いんよ、先生、満足してます」と言ってくれます。そして、一年の修了式の日にメールをいただきました。

「本当にお世話になりました。今日戴いた紙芝居やスケッチブックを見せてもらって改めて成沢先生の努力と愛情を感じています。成沢先生、本当に凄い‼　先生ほどがんばって力を注いで下さる先生はなかなかおられないし、学生最後の高等部で成沢先生に担任をしていただけたことに心から感謝しています。口下手なので、なかなか先生には伝わっていないようですが……（笑）。この一年間、私も本当に楽しかったです。凄く元気もいただけました。本当にありがとうございました。二年生も引き続き担任をしていただけるように期待しています」

これが評価だと思いました。本当に嬉しかった。拡大印刷して花束のイラストを添え額に入れて飾っています。それをお母さんに伝えると喜んでくださいました。

訪問教育の担任になってからは月曜日が待ち遠しくなりました。教材づくりには終わりがなく、やっていないと不安という気持ちでしたが、それは前向きな不安でした。私自身が訪問教育によって支えられていたのです。障がいの重たい子がいて、笑いがある人生、そんなことを訪問教育を担当して改めて思いました。

ある時、看護師が言いました。「高校卒業したら教育は受けられなくなるよねぇ。卒業してからの方が長いのに。大学があればいいのにね、先生」

卒業後の訪問生徒のＱＯＬ（＝quality of life）を支えるもの、教育の立場から何ができるんだろうと思いました。

「横山家へ行こう！」（オリジナル）

C　　　　　　G　　　　　　　Am
今日も行こう　ワクワクふわふわ　横山家へ行こう

F　　　　　C　　　　　G
準備もＯＫ　楽しく笑って　あっという間の２時間だけど

F　　　　C　　D　　　G
みんなと　一緒に　元気になれる

F　　　C　　　G　　　C
そうだ　みんな　仲間だもんね！

C　　　　　　G　　　　　　　Am
今日も行こう　ソレソレソレソレ　横山家へ行こう

F　　　　　C　　　　G
裕生くんに　由依さん　今日は何をしようかな

F　　　　C　　　D　　　　G
ガッハハハ　ハハハ　ガハハハハハハ

F　　　C　　　G　C
今日も　みんなで　大笑い！

C　　　　　　G　　　　　　　Am
今日も行こう　ドキドキワクワク　横山家へ行こう

F　　　　　C　　　　　G
お母さんに　おばあちゃん　大森さんに　ヘルパーさん

F　　　C　　D　　G
もりあげてくれて　ありがとう

F　　　C　　　G　　　　C
今日も　楽しく　すごしましょう！

第三章　学校組織・社会との関わりから考える

「伝える」とはどういうことか

「分かる、伝える」ということは、一筋縄ではいかないものです。当たり前のようにやりとりしていることも実は謎だらけなのです。

生後六カ月くらいの子どもが、鏡の前で見つけるのは「自分」だと言います（内田樹『寝ながら学べる構造主義』文藝春秋）。動物が鏡を見ても最初は興味を示しますが、そのうち飽きてしまいます。しかし、人間の子どもは鏡の中の像に「自分」を見出すのだそうです。「もしかしたら、これが私なのか？」と思うところから「私」の意識が生まれるということでしょう。

「自分」という意識が誕生することによって「他者」の存在も認識できるようになるのです。その他者が、自分とどう関わる他者なのか、ということが重要になります。お腹が空いて泣けば乳をくれる「他者」、オムツが濡れて気持ち悪くなり泣けばオムツを替えてくれる「他者」、眠たくなって泣けばあやしてくれる「他者」、快の刺激を与えてくれる「他者」……そのような「他者」は、「お母さん」や「お父さん」という名前であることが後に分かってきます。そして、「泣く」という行為が「快をもたらす」ということを学習します。「こうやったら、こうなる」ということを学ぶのです。コミュニケーションとは「交換」と言うこともできます。「泣く」という言語が「快と結びつく」という意識を生み出します。言語が意識をつくり出していくのです。

「障がい」のある子どもたちの中には、話し言葉が無い子がいます。しかし、その子どもたちはコミュニケーションができないかというとそんなことはありません。行動や視線、絵や写真、ＶＯＣＡ（補助代替コミュニケーション機器）等でコミュニケーションができるのです。

何度も同じことを話しかける自閉症の子どもがいました。それも私にとっては訳の分からないことがほとんどです。「せせんけ」「カバフライ」「家がある」……。そして必ず最後にこう言うのです。「言ってください」。同じことを言え、と言うのです。私にとって訳の分からない言葉ですが、本人は誰もいない所でその言葉を言うことはありません。誰かがそこにいるから話しかけるのです。相手に自分を承認してもらうためです。小さい子どもが言葉を獲得する前に意味不明の言葉を話すのと似ています。

私は、話しているうちに自分の中で「そうか、俺はこういうことが言いたかったのか」と気付くことがあります。話す前から明らかに言いたいことがあって話し始めるのではなくて、話している間に自分の考えていることが分かってくるのです。言葉が話す内容をつくっていく感覚です。それには

「話を聞いてくれる相手がいる」という大前提があります。逆に「これを話そう」と思っていたのに、途中でやりとりしている間に話したかったことがずれていくような感覚に陥ることもあります。そんな時には言いたかったことがすっきり言えていないような気持ちの悪さが残ります。

同氏は言語の獲得について次の様にふれています。「子どもは（すでにゲームが始まっており、そのゲームの規則を知らないままにプレーヤーとしてゲームに参加させられる）という仕方で言葉に出会う」（内田樹『先生はえらい』ちくまプリマー新書）。

言葉を自由に操る（かのように見える）大人たちの会話の渦の中に投げ込まれて溺れそうになりながらも、その法則性やルールを自分で学んでゆくのです。この「自分で」というところが大切で、学ぶことの根幹に関わる重要な要素です。自分で学べるような状況があることが「学び」の基礎にあります。

「仮面ライダーのベルト」などと突然言うことがあるものの会話はできない中学部の生徒が、ある時、両親と病院に行くことになりました。注射をしなければならない事態に陥り、押さえつけられた彼が発した言葉は「おめーら、離せ！」でした。それまで、両親は彼から意味の通じる言葉を聞いたことがなかったものですから、これには呆然としたそうです。この時、彼はどこかで聞いたことのあるフレーズを使ったのでしょう。「あの言葉を使うのは今だ！」と言葉に出したのです。身の危険が迫った時に何とか回避しようとする力は、生きる力の根底にあるものの一つですが、そんな切羽詰まった時にも言葉で伝えようとしたことはすごいなあと思いました。学んだことを実践に生かす力が言葉になったのだと思います。

同氏はこうも言います。「コミュニケーションはつねに誤解の余地があるように構造化されている」(同書)。分かってしまってはコミュニケーションは成り立たないというのです。分からない、謎だと思っているからこそ知りたいと思いコミュニケーションが続くのです。「君のことをもっと知りたい」と「あなたって人が、よーく分かったわ」という対照的な比喩で氏は分かりやすく比較します。分からないから「知りたい」し、分かったから「もう別れたい」のです。分からない、誤解している部分こそが豊かなコミュニケーションにとって欠くことのできない要素なのです。

若者が使う言葉に様々なものがあります。ヤベー、ウザイ、キモイ、ムカツク……これらの言葉を氏は「彼らのチョー貧しい語彙は(自分の言いたいことをきちんと言葉にしなさい)という言われ方で、学校教育でずっと(正しい)とされてきた、(自己表現)の強制に対する、子どもたちの側からの(ノー)ではないかと私は思っています。(中略)生半可な自己表現に自分を託すことを拒んで、ある種の失語症をみずから進んで病むことで、コミュニケーションを回復しようとしている。そんな気が私にはするのです」(同書)と表現しています。

赤いリンゴを前にして、そのリンゴについて語る時、先生は「リンゴ」という言葉を学ばせたいと思っても、ある子は「赤い」と言うかもしれないし「すっぱい」と言うかもしれません。「好き」と言うかもしれないし「おじいちゃん」と言うかもしれません。おじいちゃんの家でリンゴをつくっている、おじいちゃんがいつもリンゴを送ってくれる、おじいちゃんはがリンゴが大好きだった等々、いくら挙げてもきりがないほど「リンゴ」には多くの意味があります。ここにコミュニケーションの豊かさや一人一人にとってのかけがえのなさがあります。細かく項目を立てて「できた、できない」という表現で記述しようという個別の指導計画は、それだけでは車輪の両輪になりません。もう片方の車輪である豊かなコミュニケーション、つまり「誤解する自由」を取り込まない限り、子どもたちの内面に近づくことはできないように思います。両者は相反するものではないのですが、個別の指導計画ばかりが強調されすぎているように思われて仕方がありません。

分かること、伝えることには限界があること、その限界を知った上で表現、実践することが求められるのです。

学校現場は「伝える」ということの難しさに直面しています。特別支援教育では個別の指導計画の作成が義務付けられ、一人一人の児童生徒に応じて各項目ごとに実態や目標、支援方法等が明記されるようになっています。これはアメリカのＩＥＰ（=Individualized Education Program、個別教育計画）がベースにあり、背景には応用行動分析の手法を用いて目標を達成するという前提があります。従って目標となるのは具体的で測定可能な事項に限られます。日本の個別の指導計画は方法論を明確にしないまま導入されたため、現場では混乱をきたしているように思われます。特に中学校など生徒指導やその他様々な事柄で忙しい現場では、「そんなもの書いても時間の無駄」と思っている教師も少なからずいます。そのため、個別の指導計画の活用はなかなか進まない現状があります。

学校からは「基本的生活習慣」「健康な身体」「コミュニケーション」「集団生活」「役割・労働」

「余暇活動」等々、細かい項目により児童生徒について伝えようとしています。それはそれで良いのですが、一人の子どもとしての全体像が伝わらないもどかしさを感じるのです。「優しい子だよ」「良い子だよ」などと言った方が良く分かるように思えるのです。

正確に伝えるということに力点をおくのであれば、根拠となるデータがなければなりません。記録を取り、誰が見ても「なるほど」と思える共通理解可能なベースが必要です。細かく書く程、正確に伝わるかというとそうではありません。「そうかもしれないが、そうではないかもしれない」ということを排除した、誰が見ても共通理解できる、言い換えれば数値化できる部分は必要だと思います。その一方で数値化できない部分も大切にするべきなのです。そのためには数値化できる部分とできない部分を知ることとです。評価できるのは、ごく一部分であることを知ることとです。多岐にわたる要素の複合として「そういう結果」が出たにも関わらず「こうしたから、こうなった」と断定するのは多くの事柄をこぼれ落とすことになります。

応用行動分析を用いずに個別の指導計画を書くことには、評価できるものとできないものを一緒くたにした傲慢さのような違和感があるのです。こぼれ落ちてしまうものを無視するような個別の指導計画であってはいけません。

結果として伝えやすいことばかりが優先され、書くことができることのみが書かれます。伝えにくいこと、書くことが難しいことの中に大切なものはありますが、そこには手が出ないまま終わってしまいます。伝えやすいこととは本人の中のごく一部です。そのことを前提として書き、伝える必要があります。

表現の仕方にはいろいろありますが、長編小説のように多くの文字を使えば良く伝わるかというとそうとは限りません。詩や俳句、短歌、川柳などが良い例でしょう。行間から漂う微妙なニュアンスや独特の空気、もち味を伝えるには、文字の少ない様々な方法があります。長編小説にはない味です。伝え方によって伝わる内容は異なり、それぞれの良さがあります。Aという伝え方で伝わる内容はAから見た側面だけなのです。

個別の指導計画には、長期目標や短期目標というものがあります。大人の側からすれば、意識して関わることで自らの関わりを省みて意味を見出せるというメリットがあります。しかし、子どもの側から見たらどうでしょうか？　一年などの期限つきで答えを出したいというのは大人の都合であって、「これができたから、これ」と言われ、次々とハードルを用意される結果になってしまいます。いつも「がんばれ」と言われているような気持ちになるのではないかと思うのです。子どもも大人も生活全体が「目標、計画、測定可能」「できた、できなかった」という路線は、緊張感のある生活が増え、結果として子どもの成長を阻害する要因になる危険性があるのではないかとさえ思います。そういうことが一部分はあっても良いのですが「成長したい」という思いをベースにして、そのために必要なことは何かという視点が大切なのです。そのベースとなるのは信頼できる関係づくりだと思います。そこでは「信頼できる関係」がつくれたかどうかをどうやって評価するのか、数値化するのかという問題になります。朝の会でのアイコンタクトが、何かの活動をすることにより、これまで二回だったのが八回に増えたから「信頼できる関係がつくれた」とすることも可能かもしれません。こういう評価と共に、こぼれ落ちている部分をできるだけフォローする必要がある、そのためにはエピソード記録や物語など、異なる方法で伝える必要があります。数値化できる応用行動分析に依る評価と、そうではない記録に分ければ良いのではないかと思います。発達心理学が専門のある大学教授が「応用行動分析はやれば良いのですが、その子との関係性が良くなったら問題行動も減ったなんていう経験はないですか？」と言われていたのを思い出します。

保護者とのトラブルにしても、伝えるということに大きく関係している場合があります。連絡帳で何をどう書くのか、ということは担任の主観に任されています。書き方にもよりますし担任との関係性にもよりますが、保護者が学校に不信感を抱いているような場合にはなおさら気を遣う必要があります。読む側としたら、ちょっとした表現で自分の子が悪いかのような印象をもつこともあるでしょうし、自分が責められているように感じるかもしれません。そうかと言って、良いことばかりを書いていて何かあった時に、なぜもっと早く知らせてくれなかったのかということにもなります。いくら学校での様子を書いても反応がない場合もありますし、すごくたくさんの返事を書かれる場合もあります。

いずれも何かを伝えたい気持ちの表れなのだろうと思います。書くこと、伝えること、感じることと本人の真実とは同じではありません。「本人」と「私が思っている本人」は違います。本人そのものを分かったり表現したりすることはできないのです。

同じ本を読んでも感じ方は人それぞれ違います。文章を読むということは、読んだ人の中で書き換えられオリジナルなものになるからです。「昨日は最高だったなあ」とある人が言った時、「本当に最高だった」と分かる人もいれば、何のことか分からない人もいます。昨日、阪神タイガースが優勝したのでタイガースファンにとっては最高だったのですが、興味のない人にとっては分からない事項なのです。コミュニケーションとは多かれ少なかれ、分からない、謎の部分が残るものです。

連絡帳や個別の指導計画に「少しずつできるようになりつつあります」と書かれていても、読む側からすると「少しはできるようになっているんだな」と思う場合もあるでしょうし、「なんだ、少ししかできるようになっていないのか」と思う場合もあるでしょう。「少し」とはどれだけなのか、誰が読んでも様々な解釈の余地がないような表現で書くようにというのが大きな流れなのです。しかし、そういう表現にしたとしても状況や体調によっても変わりますし、どう思うかということとは別です。行動面からの事実をできるだけ正確に書いたとしても、保護者と担任との関係性で「えっ」と思う場合もあるし「そうか」と思う場合もあるでしょう。共通理解できる「事実そのもの」などというものはないのです。

教師の仕事は子どもを文字で表記することが多いのですが、元々、子どもの全体像を表記することなどできません。エピソードを伝えることは大切なのですが、書き手の主観という呪縛からは逃れられないからです。

例えば、生徒が文字を書く時に教師が手を添えることが良いのか良くないのか、ある生徒が靴を履き替える時、教師を見ると持っていた靴を落として片足を上げる（「はかせて」という意味）ことが良いのか良くないのか……様々な場面がありますが、実際には本人との関係性を抜きにしては何とも言えません。手を添えるのであれば、どの程度の力加減で添えるのか、本人が主導で教師は軽く添えるだけなのか、ある程度の力で手を動かすところまで介助するのか、靴の場面であれば、本人が教師を見て靴を落とすようになったことが成長の一歩なのか、間違った学習の結果なのか……それまでの流れや関係性を考慮して考えないと学びの多様性を奪ってしまうことになりかねません。その場面だけとらえて云々すると何とでも言えますが、違う要素がまだ幾つもあるということを頭に入れておく必要があります。ハウツー物や様々なアイデアがあっても、実際にやってみると何だか上手くいかないことが多いのもそのためです。

授業研究にしても同じようなことが言えます。指導案は何人もの教師が見て意見を出し合い、手を入れて書かれます。しかし、児童生徒との関係性について分からなければ、観ている者にとっては、その子はその授業でどのくらいがんばった状態なのかが分かりません。その場に以前の担任がいて「すごく成長した」とか「がんばっていた」と言ってくれれば「ああそうなのか」と分かるのですが、はじめて本人を観る者にとっては指導案だけでは分からないことが多すぎるのです。

その指導案も「伝える」という使命を背負っている以上、書き手と読み手の間に誤差が生じるように構造化されています。指導案を作成する時に、ある教師は「これで良い」と言い、ある教師は「これではいけない」と言うことがあります。書き手と読み手の間には常に意識の差があり、いくら直してもきりがありません。完成形があるという幻想の元に書き直しを繰り返します。そういうものに莫大な時間を費やしている現状があります。しかも誰が読むかという読み手のことはほとんど考えていないのです。とは言え、「授業案を書くことによって、より良い授業の改善が行われるのは当然であるが、それによって教師が磨かれることの意味もまた大きいのである」(太田正己『名言と名句に学ぶ障害児の教育と学級づくり・授業づくり』黎明書房)という面は確かにあります。その一方で、指導案をつくることに時間と労力が裂かれ、それ自体が目的になってしまうのも事実です。

指導案というのは、教師が教えたいことを子どもたちが学びたいことに変えるための仕掛けであり、大切なものとされています。教師は授業が命と言われ、授業の中心になるのが指導案です。授業の善し悪しは指導案にかかっていると言っても過言ではありません。どのようなネタをどのように提示するのかによって、授業を受ける側の子どもたちをどれだけ意図的な主体にできるかが決まります。

ある新採用の先生が研究授業をするのでベテランの指導教諭の教えを受けて指導案を書きました。研究授業の当日、一人の生徒がパニックになり授業を受けることができなくなりました。参観した教育委員会の指導主事は「あの子にとって、この授業をする必要があったのか?」という内容のコメントをしました。障がいの特性を理解して授業を行うという視点は大切ですし、言わんとすることも分かります。大切なのは、その場だけを参観して自分には何が分かるのだろう?　という謙虚な知性です。ある切り口から観た子どもであり授業であることに気づくことです。

遊具を使った授業で、揺れて笑顔になっている子どもを「楽しい」と評価できるのは、「笑顔=楽しいハズだ」というモノサシに縛られているからです。本当は怖いのかもしれません。遊園地の絶叫マシーンに乗っている人が笑っているように、はじめて出会う人には笑顔になるように、笑いは防衛反応の一つでもあるからです。

関係性に想いをはせずに現象を外から見て言うだけの者は、どこかで学びの多様性を切り捨てて話をしているのでしょう。「分かっているかのように、納得できるように話す」のです。そういうことばかりやっていると話は上手くなるし、聴く方も「そういう話」として聴くことに慣れてきます。評論家のような管理職や指導主事は必要ありません。地を這うように現場に密着し、そこから法則性を語れることが求められます。

全ての指導主事という訳ではありませんが、この指導主事は「特別支援教育」という妖怪に取り憑かれ、柔軟な知性をなくしてしまったように思われました。「正しすぎることは、時には正しさが足りないと同じくらいに有害でありうる」（内田樹『ためらいの倫理学』角川文庫）し、「正しいことを知ろうとする。だから見えない。わからない。君が知った『正しいこと』が全てを隠す」（南直哉『老師と少年』新潮文庫）のです。指導する側は常に正しいし、指導される側は間違いを正さなければならないという茶番劇が教育現場にははびこっています。「そんなことより本当の話をしようではないか」とは言いにくく誰も言いません。ベテランの教師ほど、そういうことに慣れてもいます。同時にこういう状況が指導主事の居場所もつくっているのでしょう。

教師は子どものことを伝えるために様々な書類を作成しようと多くの時間を費やしています。

しかし残念なことに、それが子どもたちに直接関わることかというとそうでもない。教師の仕事の多くは、生き生きとした言葉を殺して文章にすることにあるように思えます。

発達心理学者、鯨岡峻の次の言葉は印象的です。「言葉は私たちの流れ去ってゆく体験を繋ぎ止め、それに輪郭を与え、それを対象化して把握することを可能にしてくれるものです。『言分け』という表現があるように、私たちの体験的世界は言葉によってこそ分節されるのであって、言葉によって言い当てられないもの、つまり『言分け』されないものは、そのとき限りの体験としてただ流れ去っていくしかないと言っても過言ではありません。……言葉にすることは、ある体験を他者と共有し、さらにそれについての共通理解を万人にもたらす強力な武器になると同時に、ある生き生きした体験を一般的な体験へとならして、そのみずみずしさを奪うという両刃の剣の性格を持たざるを得ないのです」(鯨岡峻『原初的コミュニケーションの諸相』ミネルヴァ書房)。

文章で伝えるということの他、話し言葉は日常的に使われます。学校の中心には児童生徒がいて周囲に教師という大人がいます。職場は組織で構成されている言わばチームです。チームで大切なのはチームワークなので教師同士の批判はできにくい傾向があります。自分では言いにくいから代わりに言って欲しいという先生がいたのも、直接言うことで関係性が悪くなることを危惧したからでしょう。

私は、本人(特に言葉の無い児童生徒など)の気持ちを声に出して代弁していました。本当にそう思っているかと言われると自信はありませんが、そう思ってるんじゃないかなあ、ということを声に出すのです。「そんなこと言われても『ちょっと』ってどのくらいなのかわからないもんね」「ふざけんな！　いつまで待ちゃ良いんだよ！」「食べたらいけない物は見せるんじゃない！」「それって全部大人の都合じゃないの？」と声に出して言った後、「……と言うことかなあ」と結ぶのです。これなら先生方に柔らかく伝えることができるように思いました。

私たちは言葉を手に入れることによって大切な「何か」をなくしているのです。そして、コミュニケーションが苦手な「障がい」のある子どもたちは、大切な「何か」をなくさずに、みずみずしい今を生きているのかもしれません。

言葉がつくる「障がい」――境界線の子どもたち

私は「障がい」のある児童生徒から助けられてきました。では、「障がい」のある児童生徒とは誰のことなのでしょうか？　それは具体的な言い方ではありません。○○さん、□□さんに助けられたと言うべきです。「障がい」のある児童生徒という言葉でまとめてしまうことに違和感があります。一人一人違う人間を同じ言葉でくくる大ざっぱさへの違和感です。

私は特別支援学校の教員ですが、同時に家庭では父親でもあります。両親から見れば子どもだし、妻から見れば夫です。日本国民、男性、酒好き、焚き火好き、生物好き、読書好き、マンガ好き、映画好き、演劇好き、お笑い好き、釣り好き、サイクリング好き、カヌーで川を下り温泉に入るのも好きです。日本自閉症スペクトラム学会や国際焚火学会の会員でもあります。更に、私がつくった架空の団体、荘周館グループのＣＥＯで、傘下に荘周館大学や荘周タイムズという新聞社、荘周庵の他、文学賞、絵本大賞、バリ国際映画祭などを実施しています（全て妄想です）。

私という人間は一人ですが、私を表す言葉はいくらでもできますし、時と場合により様々です。いつもお笑い好きがメインではありませんし、特別支援学校教員がメインでもありません。「わたしは、ただ、わたしなんです。どこにいても、わたしは、何かになっている」（レイ・ブラッドベリ『火星年代記』早川文庫）のです。

それと同じことが「障がい」のある児童生徒にも言えます。「障がい」のある児童生徒である前に「〇〇さん」であり「□□さん」なのです。「〇〇さん」と「□□さん」は違うので、同じ「障がい」という土俵の上で全てを語ることはできません。私という人間を読書好きという土俵だけで語るには無理があるのと同じです。

日本では、虹は七色だと言いますが、ある国の部族では色を表す単語が日本よりも少ないため虹は三色だそうです。七色と言っても赤とオレンジの間、オレンジと黄色の間などの微妙な色は表現できません。日本語で方角を表す言葉は、北北東や南南西などの言葉までではありますが、北北東と北の間や南南西と南の間を表す言葉はありません。北北北東や南南南西とは言わないのです。でも方角としては存在します。いくら言葉を並べても方角全てを言い尽くすことはできません。

「言葉によって世界が分節され、事物が存在を開始する」（丸山圭三郎『文化のフェティシズム』勁草書房）からです。ヘレンケラーが「ＷＡＴＥＲ」という言葉を学んだ時、彼女は「ＷＡＴＥＲ」が分かったと同時に「ＷＡＴＥＲ」以外の全てが分かりました。はじめから「事物そのもの」などないのです。さらに丸山は言語学者のフェルディナン・ド・ソシュールを引用してこう言います。「事物そのものに先立って事物と事物の関係が存在し、その関係がこれら事物を決定する役割を果たす。いかなる事物も、いかなる対象も、一瞬たりとも即時的には与えられていない」（同書）。

言葉にはテレビやパソコンなどのように実物（それも言葉の産物なのですが）に貼り付けられた言葉と、概念をつくり出す言葉があります。「やさしさをもってきて」と言われても困るのです。言葉には意味をつくり出す力があります。そして、会話の中で用いられる言葉は後者が圧倒的に多いのです。目で見たものが理解しやすい「障がい」のある人にとって、会話が分かりにくいのは見えないからです。話している内容が絵にできるかどうかが、分かりやすい話し方をしているかどうかの指標になると思います。

「障がい」という概念も言葉によってつくり出されたものです。「○○さん」や「□□さん」のある一部分を「障がい」という言葉にすることにより、「○○さん」や「□□さん」から「障がいのある○○さん」になるのです。「障がい」が良いとか悪いとか言っているのではありません。「障がい」による不利益がいけないのです。

「障がい」という言葉のもつ概念を覆すために、私たちは良い意味で使われている言葉に、もっと「障がい」という言葉を付加すれば良いと思います。そうすることにより「障がい」の概念は広がっていくからです。例えば、「イケメン」は「イケメン障がい」、「偉くなる」は「出世障がい」、気持ちの良い天気は「晴天障がい」等です。「障がい」という言葉のイメージは決して良いとは言えませんが、このように使う機会が増えればイメージアップにつながるのではないでしょうか。言葉があることによって生み出される「障がい」という概念は、特別支援学級や特別支援学校、施設、作業所など「障がい」のある人々を分断する建物をつくり出しました。であるなら、言葉によってその概念を変えることも可能です。

また、医療をはじめとした各機関から「障がい」があることを認定されることによって福祉サービスを受けることができる手帳があります。知的な「障がい」には療育手帳、身体的な「障がい」には身体障害者手帳、精神的な「障がい」には精神障害者保健福祉手帳などです。なぜ発達「障がい」に対応する手帳がないのか不思議です。

「障がい」が「あるかないか」は、どこかで線を引かなければならないのでしょう。福祉サービスを受けることができるか、できないかを選別するためにはやむを得ません。

しかし、完全無欠な人間などいませんから広い意味で「障がい」者というのであれば、何らかの意味で全ての人間は「障がい」者です。出掛ける時にドアに鍵をかけた直後に確認するのは私だけでしょうか？

人が人を認め合い、助け合うためには、他人のために何かをしようとすることで幸せを感じることができる心を自分の中に育むことです。多くの人が「そうであれば良い」と思えるような人に自分も近づこうと思えば、きっと素敵な世の中になるだろうと思います。偉そうなことを言っていますが、私はまだまだです。

作家の小田実氏は「人間みんなチョボチョボや」と言いましたが、「障がい者」と「非障がい者」などではなく、みんな同じような人間なのです。多くの奇跡か偶然が重なって与えられた大切な命です。足は単体として足だけが歩く訳でなく、私の一部として足としてできる動きをするように、大きな自然の中の一つとして命を与えられている人間は、「障がい」があろうとなかろうとこの世界の中で何かしらの働きをしているのだと思います。同時代を生きる仲間として、みんなが幸せに生きられるようになるにはどうすれば良いのでしょうか？　その指標こそ、「集団の中で弱い立場の人がどんな暮らしをしているか」だろうと思います。決して「障がい」と「非障がい」を分断することではなく、みんな発達途上の人間である、ということです。

評価できるもの、できないもの

人が人を評価することが可能なのだろうか、と思います。道徳も教科化により評価しなければならなくなりましたが、とんでもないことだと思います。中学校や高校の定期テストでは、数学の点数が○○点、国語の点数が○○点という評価が行われています。その点数を基に小テストの点数や宿題等の提出物、授業態度等を加味して評価をします。「なるほど、そうか」と思いますが、本人が納得できないものがあるとしたら授業態度でしょう。なぜならば根拠が曖昧だからです。同じ生徒なのに、ある教師は「すごく良い生徒」と評価しても、別の教師は「そうでもない」と評価するかもしれません。教師が自分のモノサシで評価するため、「そう感じた」というのが評価の基準になってしまうのです。同じ人でも見る人や会う時々、関係性によって印象が違います。多面的な人のどの部分を見ているかによって印象が変わるのは当然です。これは評価でしょうか？

「そう感じた」という意識は関係性の中で育まれます。ある教師が生徒を「態度が悪い」と感じたとすると、それは教師と生徒との関係性に依っています。にも関わらず教師の側だけが一方的に生徒を「態度が悪い」と決めつけ、それをあたかも正当であるかのように「評価」するのは間違っています。それは教師の「意識」でしかありません。生徒の側からすれば、同様にその教師は「態度が悪い」と評価することだって可能なのです。しかし、そうならないのは現在の学校が「そういうシステム」だからです。

点数をつけることが困難な特別支援教育の評価は文章表現で行われています。目標は具体的に書くように言われます。どのような支援によって「できた」のか「できつつある」のか「次の課題は何か」ということが書かれるのです。

ここで大切なことは、評価できることのみを評価するという謙虚な姿勢です。人の全てを評価したり書いたりするのではなく、ごく一部の評価可能な部分についての記述という前提が必要なのです。この部分が十分に伝わっていないために個別の指導計画は机上の空論になり現場での活用が進まないのです。個別の指導計画を絵に描いた餅にしないためには、この計画で行う評価は、児童生徒のごく一部にすぎないという共通理解が必要です。その上で応用行動分析を用いて数値化による評価を行えば、目標も評価可能な細かいものになっていくに違いありません。結果で評価できるのはごく僅かな事柄です。本人の成長にとって本当に大切なのは、結果ではなく学びのプロセスです。それは客観的に表すことが難しい場合も多く、児童生徒の学びを最も近くで見ている担任が評価者になる以外ありません。従って、担任はしっかりした人権感覚をもち、寄り添い、分かろうとする想像力とセンスを総動員させることにより、児童生徒が何を学び、何を課題として乗り越え、社会とどうつながっていったのか、ということを語れなければいけません。担任は、子どもたちの最も近くで最も大きな影響を及ぼす大人として存在しているからです。

特別支援教育に関する評価の問題は、人を評価することがいかに難しいかを示しています。教師が「そう思う」という単なる意識が評価にならないように何とかしようともがいています。難しい問題に立ち向かって安易に解答を出そうとするのではなく、立ち向かい続けていくこと、考え続けていくことが大切です。「障がい」のある子どもたちと接していると、分からないと思うことがたくさんあります。「障がい」の特性から考え、発達から考え、家庭環境や生育歴から考え、様々な療育方法から考えても、やはり分からない。そんなことばかりです。そんな時「遥かに先を歩む師匠を弟子が評価できるはずがない。できないはずの評価をしてしまうことこそ最も罪深いことなのだ」（玄侑宗久『荘子と遊ぶ』筑摩書房）という言葉が私にはとてもしっくりきます。大人は「障がい」のある子どもたちを評価することができるのか？　という根本的な疑問が生じるのです。なぜならば、私たちが失った「何か」を「障がい」のある子どもたちはもち続けているからです。言葉や知性こそが「障がい」であり「障がい」のある子どもたちこそが完全な命なのではないでしょうか。

管理職が教員を評価する「教員評価」というものについても同じような疑問があります。都道府県によって違いはありますが、教科指導や教科外の指導について、能力や業績に対してAだのBだのと校長から書面で告げられるのです。その後、「特に優秀」「優秀」「良好」「良好でない」等に変わりました。この「評価」がいかにいい加減なものかを物語るエピソードを紹介します。

四十代のはじめ頃、私は校長室に呼ばれ「管理職になる気はあるか？ 今はAだが、評価をGにして（当時ABCとあり、Aの上がS、その上がGでした）文部科学大臣表彰受賞と書けばなれる。管理職になりたかったら大人しくしておけ」と言われました。「大人しくする」とは、出版等の活動をするな、ということです。私は立腹して「そのような気はない」と答えました。私にとっての権力者とは常にカッコ悪い存在で嫌いなのです。もしも「はい」と答えたら、魂を売ってしまうように思われたのです。次の年からAだった評価がBになりました。私自身は何も変わらないのですが、校長の私に対する「評価」（意識）が変わったのです。管理職がどう思うかという「意識」が評価になるのです。つまり、教員も管理職側がどう思うかを常に意識して仕事をすることにつながります。安倍内閣が内閣人事局をつくったことにより人事権を握られた官僚が「忖度」するようになったのと同じです。愚かな人間ほど自分を高く買ってくれる人に弱いのです。

客観的に評価しているかのような体裁をとろうとしていますが、「教員評価」とはこのように「授業態度」みたいなものです。私のような人間にとっては、これでやる気が喚起される訳がありません。むしろ低下する一方です。担任を馬鹿にするのもいい加減にしていただきたい。教師はお金が儲けたくて教師になったのでも、校長になろう、出世しようと思って教師になったのでもありません。「権力が自分の手の中にしだいにはいる、またはいりつつあるという感情こそが人間の満足感、幸せ」（ジョージ秋山『銭ゲバ』幻冬舎）だと勘違いしている人が教育界にもいるのです。本当の評価者は管理職ではありません。最も厳しい評価者である子どもたちと接する中で、教師は自分が評価されているのが分かります。校長から「評価」を受けてもそれは「校長は私のことを、そう思っている」ということが伝わるだけなのです。質的な評価を無視して効率ばかりを重んじる今の教員評価システムが、やる気のある教師を育てるとは思えません。一生懸命にやっている教員に対して評価システムは失礼極まりない代物です。体罰により生徒を不登校にしたり、セクハラをした教員のような場合にのみ賃金とリンクして評価を行えば良いのです。触法行為に次ぐ最低ラインを維持するシステムとしてのみ教員評価は機能するべきです。

　教師一人一人を大切にして、能力を最大限に引き出せるような教育委員会や管理職を育てるには、教員採用試験の時に管理職コースという別枠を設ければ良いと思います。仕事ができて上昇志向、上からの命令には忠実に従う能力を身につけた者ではなくて、部下を生き生きと働かせる能力をもつ人が管理職になるべきです。文部科学省は、管理職としての専門性とは何かということを真剣に考えるべきです。人が人を評価するのは難しい。そのことを特別支援教育は教えているのですが、文部科学省はそのことから学ぼうとしていないようです。児童生徒の評価にそのようなことがあってはなりません。

学校自体を評価する「学校評価」というものがあります。これは、各項目ごとに教職員と保護者が答えるものです。項目は様々で、例えば「学力の定着向上に向けた授業の創造に努めている」「児童に家庭学習の習慣や主体的に学ぶ態度が育つように配慮している」「児童に道徳的心情が育っていると感じる」等です。これに対しての解答がA：あてはまる、B：ほぼあてはまる、C：ほぼあてはまらない、D：あてはまらない、などというものです。そう感じた、という「意識」を答えるものです。

教職員と保護者の意識の違いを比較するのであれば意味もあるでしょうが、正確な評価などできるはずがありません。しかも、語尾が「努めている」「配慮している」「感じる」など肯定的であれば、AやBをつけやすいでしょう。逆に「学力の定着向上に向けた授業の創造には『ほぼ努めていない』」「児童に家庭学習の習慣や主体的に学ぶ態度が育つように『配慮はほぼしていない』」という否定的な問いに対する回答はかなり勇気のいることです。AやBをつけることはあまりないと思われます。質問の書き方によって回答は変わってくるでしょう。語尾を断定的にすると厳しくなります。例えば「学力の定着向上に向けた授業の創造をしている」「児童生徒に家庭学習の習慣や主体的に学ぶ態度が育つようにしている」とすると「いや、まだまだ俺の授業は改善の余地がある」と真面目で力量のある教員ほどCやDをつける可能性が高いと思います。

このように基準自体が曖昧なものを「評価」と呼んで良いのでしょうか？　良い結果を出したければ、最初から聞き方を柔らかくすれば良いのです。

保護者の方だって、「そんなこと良く分からない」という項目だってあるし、学校の現場をどれだけ見たのか、という疑問も残ります。何回学校に来て授業を見たのか、という基礎になる部分をしっかりしておかなければ「何となくB」「何となくC」のような、その人の意識に大部分を依ってしまうことになるでしょう。当事者意識を明確にどれだけもてるかということがポイントだと思います。

くり返しますが評価する前に確認しなければならないことは、対象になっている物事が評価できるかどうかということです。基盤となるところを明確にしないまま「評価」が行われているように思えてなりません。「やっている」という事実を積み上げるためだけに、できないことを無理矢理する必要はないのです。

評価する者は、評価される側が選ぶべきです。「この人がそう評価するのなら仕方がない」と思えるような人物が評価をすべきなのです。それは上司とは限りません。評価するためには自分や組織に対して色メガネを外して観ようとする勇気が必要です。言い換えれば自浄能力とでも言いましょうか。組織の管理職とは自浄能力がなくなるように構造化されているようです。そのような自浄能力のない組織の管理職に人を評価するのは無理です。

専門性とは何か

私の高齢の母が心臓病で入院したことがありました。手術が必要でしたが、大病院でも高齢のため手術は無理と言われました。しかし、日本でも有数の心臓手術の名医と言われる医者がいる大病院では手術可能と言われ、そこで手術をしてもらえることになりました。そして難しいと言われた手術は成功したのです。その医者や病院のスタッフに本当に感謝しました。

ただの医療でなく「高いクオリティの医療」が母の命を救ったのでした。同じサービス業として私はどうなんだろう、と省みました。「教育」というだけでなく「クオリティの高い教育」を提供しているだろうか？　それは、子どもたちが健やかに成長することをどれだけ促進できたかということだと思います。そこでは関係性が重要なキーワードになります。教師との関係性だけでなく、子ども同士の関係性も含まれます。「障がいのある子」と「障がいのない子」を二分して子ども同士の関係性を構造的に断ち切っている社会の在り方には疑問を抱かざるを得ません。

また、一人一人の児童生徒にとってどういう栄養が必要なのかということを見立てる力、それを提供する力も大切です。学力、心の安定、コミュニケーション力、基本的な生活力、働く力等々、個々により、またその時々によって違うと思います。当然、自分の力だけではなく保護者や他機関の力が必要なこともあります。特に、家庭教育は大きな影響を与えます。様々な事柄を包含して、結果として子どもたちが健やかに成長するように促進することが大切であり、それを演出する力が専門性です。「専門性とはこれである」というものではなく、総合力なのです。「教育は人なり」と言われて来たものであり、それが児童生徒に与える教育的質なのです。

専門性は人との関係性や「生きるとはどういうことか」ということに深く関連しています。そして、その要素の一つは、どのような児童生徒とも関係性をもつことができること、楽しく過ごすことができることだろうと思います。教育における専門性は、児童生徒と楽しく過ごす、ということと不可分なのです。

特別支援教育に携わるようになって感じるのは、専門性という言葉が一人歩きしているということです。言葉で伝えることができるような事柄が前面に出て、説明のできにくい部分が抜け落ちているように感じられるのです。専門性は車の両輪から成り立ちます。一方はスキルや知識を重要視して数値や結果を求め、次の段階に向かっての今があるのに対し、もう一方は関係性の中で個の物語として得られる肯定感や充実感、人や自分を信じる心、思いやりや誠実さなど、スキルや知識以上の見えない何かを重要視し、次の準備期としての今ではなく、今そのものを重要視します。前者が全面的に幅をきかせていることに強い懸念を感じるのです。

大人になってもブランコをしたり、階段から飛び降りる遊びをする人はあまりいないでしょう。しかし、それが子どもの時には必要な感覚刺激だったのです。座ってブランコをゆらしていたのが立ってブランコに乗れるようになり、勢いをつけて飛び降りるようになりました。階段も二段目から飛び降りるようになったら次は三段目から、五段目からとなっていきました。成長する段階にあって子どもが必要とする栄養は子ども自身が一番良く知っているのです。それは感覚、運動のみではなく、発達全ての領域に関係しています。その時々の大人の関わり方はとても重要です。

私は、特別支援教育について何の知識もないまま、教員になって五年目、勤務している中学校に特別支援学級が新設され、以来五年間、担任をさせていただきました。この経験は何物にも代えがたいもので、とても多くのことを考え、そして学ぶことができました。特別支援学校教員の免許もない私が担任することができたのは、教育職員免許法附則一六項（平成二十五年現在）により、当分の間は、幼稚園、小学校、中学校又は高等学校の教諭の免許状を有する者は、特別支援学校の教員免許状を所有しなくても、所有免許状の学校種に相当する各部の教員となることができると規程されているからです。従って、特別支援学級の担任や特別支援学校に勤務している教員でも、特別支援学校の教員免許はもっていないという人がいます。近年、免許状の所持率は上がってきましたが、それよりも人間として信頼できる教師が減っているのではないかということの方が懸念されます。特別支援教育の専門性より、子どもとの関係の中から、いじめや差別、子どもの困難な状況あるいはがんばっている姿を見出し、子どもから学び、子どもと共に解決していく姿勢や感性をもっていることのほうが、どの子にとっても必要なことだと思います。

特別支援学校に転勤してからは、様々な「困った」児童生徒たちに出会い勉強せざるを得なくなりました。その児童生徒たちは私にとっては素晴らしい先生でした。毎日を真剣に過ごすことが楽しくて仕方がない日々を送ることができました。本当に感謝しています。自分から学ぼうという意欲にかき立てられました。お金もかかりましたが得ることもたくさんありました。自己投資することの大切さを学ぶ日々でした。

何年かが過ぎて転勤になりました。転勤先は肢体不自由の特別支援学校でした。当時の養護学校は障がい種別になっていたのです。

転勤を告げられた日は、自費で県外の研修に行く日でした。自閉症についての研修でした。四月からは肢体不自由の学校に行くんだ、と思いながら自閉症の勉強に行くことが本当に空しく感じられました。深めようとすると途中で遮られるような空しさ、人事という逆らえない大きな力に自分が翻弄されているような空しさです。組織の中で働くことに向いていなかったのでしょう。私は、この組織やシステムの中に自分を委ねておく訳にはいかないと心から思いました。

専門性という言葉が聞かれるようになったのと、発達障がい、構造化、応用行動分析等の言葉が聞かれるようになったのは同じ頃でした。確かに勉強することで成る程と思うことがたくさんありました。スケジュールや教材など、することの見通しが見て分かるように環境を整え、表出コミュニケーションを充実させることにより短期間に結果が出ることも多く、特に小学部の児童はその子に適した教育をすると見る見る変わりました。技術的で具体的な内容は実践しやすい上に伝えやすく、瞬く間に広がっていったような感があります。応用行動分析はそれが全てではありませんが事実です。私はそれらのものからある意味の本質的な事柄を学びました。特性を理解して接することの重要性や、論理的に物事や行動を把握することの大切さです。

その一方で、モヤモヤしたものが常に頭の中に引っかかっていました。唯物論を学んだ時と同じような感覚です。必要条件が十分条件ではない。特性がその子の全体像ではないし、論理的なことが必ずしも本質的なこととは限りません。非論理的なことの中に本質的で本当に大切なことがあるのではないか、という思いです。成長したいという願い、発達課題、関係性……そう言っても言い足りません。学び方の学習が学習内容そのものになってしまっているような違和感を抱くのです。

個の学びの物語を丁寧に紡いでいくことが大切なのだと思いました。しかし、学びの物語であるエピソードは成果主義に押し流されています。

計画（plan）、実践（do）、評価（check）、改善（action）などということが言われていますが、元々は企業経営の効率化を図るための手法として生まれたものを教育の現場に用いることに無理があるのです。企業はその目的が利潤の追求ということで明確ですが、教育の目的は子どもの健やかな成長であり、何をもって「健やかな成長」とするのか明確ではありません。発達に関してもチェックリストなどで～歳にはどんなことができる、という成果主義に傾いている傾向があります。「できる、できない」での評価に力を入れすぎると子どもも教師も「結果が大切」ということを学習させることになり、興味・関心や学ぼうとする意欲の育成を阻むことになるのではないかと思います。

私の周りには、検査はできないし障がい特性についての理解も深くはないのですが、尊敬すべき素晴らしい教師たちがいます。それらの方々に共通するのは、人として素晴らしく、子どもたちの傍にいつまでもいようとする担任であるということです。新採用の先生方が先輩から学ぶべき事柄は、本や研修会で得ることができるような知識ばかりではなく、言葉では伝えられない人間性や生き方ではないでしょうか。実際にやっていることと、それを説明できる力とは異なります。説明できるためには知識が必要になるし、相手を動かす言葉を選びその言葉にふさわしい雰囲気を醸し出すことが説得力につながります。それはその人のもつ全体力とでも言うべきものです。「教育は人なり」という説明のできにくいところに専門性の鍵はあるのです。この専門性がベースになければ、いくら「障がい」特性を理解し、療育方法を学んでも砂上の楼閣になるでしょう。それは子どもたちが一番良く分かっているし、評価してくれるはずです。

同僚や保護者、関係機関と連携する力も専門性です。結果として子どもが健やかに成長するためには一人の力では無理だからです。連携の仕方は様々ですが、相談する力が必要な場面は多々あります。分からないものとして児童生徒に接すること、疑問に思うこと、知ろうとすること。そんなことをしているうちに専門性は向上するように思います。「専門性の高い先生」を想像する時、それは言葉にできる類のものではありません。教育における「専門性」とはそういうものなのだと思います。それを先達は「教育は人なり」と言ったのでしょう。

ある保護者に教員の質が様々であることについてこんなことを言われました。「営業成績の悪い新人社員は、会社の不利益になるから先輩が何とか不利益を最小限にしようとするのですが、学校はそのところはどうなっているのですか？」

私には答える術がありませんでした。児童生徒個々の不利益は目の当たりにすることが多く、様々なことを考えさせられてきました。学校全体の不利益、学校としての専門性の向上、これは大変難しいと感じます。基本的に学校が様々な意味で甘い原因は「倒産することはない」という危機感の欠如に依るものです。

どんな問題も時間が経てば解決します。どんな状況であっても必ず終わりがあるからです。ただ問題に取り組む姿勢が解決の質を決めます。どのような姿勢で立ち向かうのか、仕事としてやっている限りは質（クオリティ）の高さを求めなければいけません。それは専門性に依るところが大きいと思います。特別支援教育における専門性とは何か、もう一度よく考える時期に来ています。

教員には転勤があります。小学校や中学校、高等学校から特別支援学校に転勤する者もたくさんいます。特別支援教育の質を高めるためには、人事権をもつ者こそが高い専門性をもっていなければなりません。管理することや組織をまとめる専門性はもちろんですが、実践的な専門性をどれだけの管理職がもっているのか疑問をもたざるを得ません。

ある時、特別支援学校で授業に入らず廊下に寝ころんでいる児童がいました。言葉が分かる児童だったので、私は、しゃがんでその児童の好きな玩具を見せて言いました。

「教室に入ろう」

私と玩具をちらっと見ましたが、その児童は寝ころんだままでした。私の薄っぺらな心の奥を、その子は見抜いたのです。その時、別の女の子が走って来て、寝ころんでいる児童を見るなり自分も寝ころびました。そして、にこにこしながらこう言ったのです。

「廊下、冷たくて気持ちいいね」

しばらくの間、二人は寝ころんでいましたが、私はその様子を見ているだけでした。

「そろそろ行こうか」

後から来た女の子がそう言うと、二人はスッと立ち上がり、教室に入って行きました。

寝ころんでいる児童の上から玩具を見せて「教室に入ろう」と言っただけの私と、寝ころんで同じ目線になり、廊下の冷たさを共有した女の子との違いは何だったのでしょうか。私は、大人と子どもという違い以上の大きな隔たりを感じたのでした。寝ころべなかった自分の中にあるものとは何だったのか？　寝ころんでいる生徒の世界観を分かろうとする前に、教室に入って欲しいという自分のエゴを優先させたのは一方的な理想ではなかったのかと思えたのです。薄っぺらな思い上がりから、好きな玩具で起き上がるかもしれないと思った自分が心から情けなくなりました。その子の世界を分かろうともせずに「視点をかえる」などと偉そうに言っている自分に嫌気が差しました。本当に自分は情けない人間だと落ち込みました。

先生や保護者の中には、「以前よりもできることが少なくなった」とか「伸びていない」と嘆く人がいます。「小学部の時にはできていたのに中学部になると……」等々、本当にそうだろうか、と思うことがよくあります。背伸びをして手が届く範囲には限界があります。もっと高くまで手が届くためにはジャンプする必要があることを子どもたちは知っているのです。ジャンプするためには一度しゃがまなければなりません。しゃがんでいる姿を見て「後退している」とか「伸びていない」ととらえている場合があるように思えてならないのです。

担任していると「後退」とか「伸びていない」ということはとても気になるところです。確かにそれは辛いことです。しかし、現象だけをとらえて問題を解決しようとすると、その場では「よい子」になったように見えても、ジャンプしようとしてしゃがんでいるのを無理やり立たせるようなものですから後々後退することになります。大人しく教師に従っていた子が従わなくなったのも、認知能力が上がり「何をするのか分からないことが分かるようになった」からという場合もあります。目の前にいる子どもの「今」はどんな「今」なのか、それはどこにつながる「今」なのか想像すること、本人の現実を見ようとすることが大切なのです。

そのために必要なのが「一方的な理想を捨てる」ということです。関係性が深まっていくのは、まず一方的な理想を捨てた時からだと思います。私の自戒を含めて「きちんとさせよう」と思うあまり子どもの発達を歪めてしまっているケースをいくつも見てきました。目前の子どもを分かろうとして関わる、この質を上げよう、極めようとすれば自ずと専門性は高まり、裾野も広がります。

児童生徒にとって先生の肩書きは関係ありません。どう接してくれるかが全てです。人は皆生まれて死ぬ、その狭間を生き、その中に教育もあります。だれもが楽しく生きればいいのです。しかし、家庭の事情でそうはいかない児童生徒は枚挙にいとまがありません。その上で「専門性とは楽しく生きる術を教えることだ」と教師が悟った時、教師研修もワイワイガヤガヤ楽しいものになるでしょう。

特別支援教育の教師として自分の存在とは何なのか、誰もがどこかで不安に思っているのではないでしょうか。それゆえに、専門性という幻想を信じ、肩書きや何かしらの検査方法、療育方法など、資格を身につけることに存在理由を求めてしまうのかもしれません。「専門性とは、そんなに簡単なものではない」ということを、文部科学省や教育委員会、管理職の方々は肝に銘じるべきです。特別支援教育における専門性の根幹にあるのは「生きるとは何か」という哲学です。

保護者という改革者

学校に様々な要望を突きつける保護者がいます。中には理不尽なものもありますが、そうではない真実を突いたものも多いと思います。自閉症の我が子が学校近くの大根畑が気になって仕方ないので、お金を支払うから畑の大根を全部抜かせて欲しいという要望から、スクールバスを家の近くに止めて欲しい、先生の数を増やして欲しい、先生にもっと勉強して欲しい……最初にその要望を聞くのは担任であったり養護教諭やコーディネーター等、担任外の教員だったりします。「それは難しい」と判断して伝える場合もあるだろうし、教頭に相談する場合もあるでしょう。相談された教頭が「それは難しい」と判断して伝えることになるかもしれません。さらに判断が難しい場合には教頭が校長に相談し校長が「それは難しい」と判断するかもしれません。あるいは校長が教育委員会に相談するかもしれません。

このように、どこかで誰かが「ＮＯ」と判断するのでしょう。そして、最終的に「ＮＯ」とならなかった事柄が改善されていくのです。

昔、家の中に牢屋をつくって閉じこめておく座敷牢というものがありました。かつては、障がいのある児童生徒には学校で教育を受ける権利を与えない「就学猶予」という制度もありました。昔と比較すると様々な事柄が改善されていますが、それが存在していた当時はそのままで良いという人たち、あるいは意識していない人たちもたくさんいたと思います。そんな人たちばかりであったなら、現在でも座敷牢や就学猶予の制度は残っていたかもしれません。

私を含め多くの日本人は、「このままで良い」でも「このままではいけない」でもない「どちらでもない」という中途半端な人が多いようですが「どちらでもない」というのは「このままで良い」というのと同じです。「どちらでもない」という人は、誰かが何とかしてくれる、と思っている人、つまり現在の状況を本気で変える気はない人です。いじめを知っていて見て見ぬふりをしている人が、いじめの協力者であるのと同じです。

現在の状況は、「このままではいけない」と思った人々の行動の賜です。「このままではいけない」と思うのか「このままで良い」、あるいは「このままで仕方ない」と思うのかによって目前の様々な事柄に対する行動は異なります。現在の状況も、未来から見れば「あんなに遅れている時代があったんだ」と思われることがたくさんあることでしょう。その一つに「特別支援学校という障がい児だけの学校があった」という事実が入るかもしれません。昔はテロや戦争などという愚かなことをしていた時代があった、という未来にしなければいけません。憎しみが憎しみを生み、このままでは世界は滅亡するかもしれないのです。「自分の仇を討つな」と言った法然のお父さんに学ばなければいけません。「自分にしてほしくないことは、自分もしてはならない」（ヴォルテール『寛容論』中央公論社）のです。経済のことばかり考えていると、命の尊さを忘れてしまいます。

現在「このままではいけない」と思って行動する人々が新しい時代をつくるきっかけを提供しています。ある考え方に対して対立する考え方が生まれた場合は次のステップに進化できるチャンスなのです。対立する考え方が張り合うことで、その良いところをとった第三の道が生じる可能性があるからです。どちらかが全て正しくて、どちらかが全て間違っていると即座に判断できるようなことは滅多にありません。良いところが残っていくことにより歴史は進歩してきたのです。何が正しくて、何が間違っていたのかは歴史が証明します。座敷牢は間違っていたのです。

「大根を全部抜かせてもらいたい」という要求に代表されるような、子どもと親が心理的に離れていないと感じるケースはよくあります。子どもにストレスがかかることを心配して行事には参加させないケースもありました。もちろん、悪いということではありませんし参加の有無を確認する学校もあります。

大切なことは、「私は私でありながら、私は私たちの中の一人でもあるという両義性に気づくようになる」（小林隆児・鯨岡峻『自閉症の関係発達臨床』日本評論社）ことです。自分と子どもは別の人生を生きていること、子どもが可能な限り自立的に生きる大人になることが大切なのだと気付くことです。そのために「あの力、この力をつけることを目標に生活するのではなく、人として生きる基本、つまり自分が自分らしく生きようとしながら、それと同時に、周りの身近な人が自分らしく生きようとすることを受け止め、尊重し、そのなかで一緒に生活することを展望しようとすること」（同書）が重要なのです。

本質的な事柄を含む要求を突きつける保護者の中には、次のステップをつくる方々がいます。その方々の多くは組織の矛盾点を鋭く押さえています。なぜできないのか？　という問いに対して納得のいく解答はできにくく「現時点ではそういうことになっている」としか言えない場合が多いのです。

言われることは正論なのですが、学校や社会が力不足のため改善はできません、ということです。

当事者からの訴えの多くは、その核心に真実があります。社会的弱者は望んでそういう状態にあるのではなく、そういう状態をつくっている社会によって弱者たらしめられているという側面があるからです。それは障がいのある人たちのみではなく、かつての被差別部落、アイヌ、在日韓国朝鮮人、沖縄等、国内だけでも数え上げればきりがない程です。「足を踏みつけられている弱者がまずしてもらいたいのは、話し合いではなくその足をどけること」（辛淑玉・野中広務『差別と日本人』角川新書oneテーマ）なのです。

だから、管理職や校長、行政などシステムづくりに関係している方々には「このままではいけない」という視点で学校を見ていただきたいのです。そういう素晴らしい管理職がいる一方で、何事も杓子定規に考える木っ端役人のような管理職もいました。影響力のある人が「このままでいい」と思っているのと「このままではいけない」と思っているのとでは状況は大きく異なります。

障がい児の親から言わせると「障がい児の親の気持ちが分かるのか」とおっしゃるかもしれません。それは「分かりません」とお答えするしかありませんが、親だからと言って本人の気持ちが分かっているとも限りません。そもそも「障がい」が「ある」か「ない」かという二分法自体がナンセンスです。この二分法は、本来は団結すべき人々を分断していきます。「自閉スペクトラム症の特性」を「理解している」か「理解していない」か、「私の要求」を「聞いてくれる先生」か「聞いてくれない先生」か等々。

本人が不安定になったり学習が進まなかったりするのを何でも学校や担任の責任にする親は、自分自身を受け止めて欲しい、助けて欲しいというサインを出しているのだろうと思います。私の尊敬するある保護者が、特別支援学校の保護者対象の講演会でこんなことをおっしゃいました。「保護者は『障がいのある子どもをもった親の気持ちがあなたに分かるのか』という言葉に逃げ込んではいけない」

とても厳しい言葉だと思いましたが、我々が今いる社会も本人がこれから出て行く社会も甘くはありません。その社会を変えていくのも、生きていくのも真っ向勝負です。目前の困難から目を逸らして問題をすり替えてはいけないという意味だったのでしょう。自分の子どもを託す相手として信頼できるかどうかを本能的に察知するのが保護者です。信頼されれば協力を得られるし応援もしてくれます。

保護者と学校は児童生徒が健やかに成長するという共通の目標をもったパートナー同士です。学校が完全無欠でない以上、教育の質の向上のための要求はなされて然るべきです。学校はそのような要求がなされる前に自ら質の向上に努めなければなりません。そして、パートナーであることを伝えていく必要があるのです。

保護者が正論により学校に迫る時、「今はできません」というのは言い訳でしかありませんが、本当にできないことは「できません」と言うしかありません。問題は、正論だと思った教師が保護者と同じ方向を向くか、保護者と対峙するかにあります。正論だと思ったのに対峙するというのは、思ったこととすることが違うことになります。立場上、云々というのは組織人の言い訳でしかありません。保護者が提示する問題は教師自身の問題なのです。どれだけ勇気をもって対応できるか、どういう人生を歩むかという問題です。誠実に質の向上に努める姿を開示すれば、保護者も無理難題は言わないでしょう。それでも言いたい保護者がいれば、それは保護者自身のＳＯＳと受け止めるべきです。保護者に限らず、我々は自分の弱みを開示する力を身につけることが大切です。素直に弱音を吐く力です。これは勇気がいることかもしれませんが、心が折れないために大切なことです。

一方で、親は自分の環境の如何に関わらず子どもを虐待してはいけません。自分のＳＯＳは素直に「助けて」と言う勇気が必要です。自らのＳＯＳにより子どもに不利益を被らせてはいけません。子どもからすれば自分よりも大きな存在に肉体的、精神的暴力を振るわれる恐怖は、大人が恐竜に襲われるのと同じです。しかも信頼すべき大きな存在に裏切られるのです。自分の親に暴力を振るわれるのも、レイプされるのも、ほったらかしにされるのも想像を絶する恐怖であり地獄であることを肝に銘じるべきです。

対立は悪いことではありません。相手に期待しているから対立が起きるのです。それを「難しい保護者」という一語で片付ける教師がいるとすれば、そのこと自体が問題です。教師は給料をもらって本人や保護者の前にいることを忘れてはいけません。一見、自分の子どものことしか考えていないように見える保護者も、それは当たり前のことではないでしょうか？　自分の子どものことに関しては獰猛になるのが親です。しかし、本当に理不尽な要求は蹴って良いと思います。学校教育のみならず社会の根幹にあるのは人権です。全ての大人は教育の原点である人権の尊重に立ち返る必要があります。それは必然的に社会の有り様に目を向けることになります。

歯車としての教師

組織の中で働いている以上、嫌でも歯車の一つになるのは仕方のないことです。大きな歯車や小さな歯車、いろいろな歯車がありますが、錆びつかずに油を差しながら役割を果たさなければなりません。そうしないと全体が滞ってしまいます。

小さな歯車として「係り」や「担当」があります。私が「研究」という係をしていた時に、そのあまりに無駄な時間の使い方について提言をし、他の先生方から総スカンを食らったことがあります。係の仕事は一年間続きますから、係会があるたびに何だか孤立していくような気分になってしまいました。私の言い方や言動に問題があったのでしょうが、それが全て自分に返って来たように思いました。そして係会のある日には休むようになってしまったことがあります。あの時は本当に苦しく誰にも相談できませんでした。研究の係の仕事くらいで、と思うのですが、当時の私には針の山を歩くように嫌な時間だったのです。次の年、私は研究の係から解放されました。すると、嘘のように心が軽くなりました。あの時に私を救ったのは「嫌なことから逃げる力」だったと思います。嫌なことから逃げずにがんばれ、とはよく言われますが、嫌なことからは逃げろ、とはあまり言われません。「嫌なことだけどがんばりたい」という気持ちはあるのですが苦しいのです。がんばれるのならがんばればよろしい。でも逃げ出したいほど嫌な時には、早々に逃げ出せば良いのです。その力（勇気）があるかないかが大切なのです。

学校の中の仕事は多岐にわたっています。自分に向いている仕事ばかりを選んですることはできませんが、適材適所という言葉がある通り少しでも一人一人の教員が生き生きと自分らしさを発揮できるポジションにいることが、その学校の活性化につながることは言うまでもありません。どの人がどのポジションだと一番力を発揮するのか、生き生きと仕事ができるのか、ということを推し量る眼力をもつ管理職かどうかが問われます。

本当に必要だからやる仕事と「やることになっているからやる」仕事があります。必要ではないことをする時間は、本当に必要なことに費やす時間を潰しています。「やることになっているからやる」という思考停止の発想は、戦争中の「戦闘って相手を殺すことになっているから殺す」という発想と同じです。いけない、必要ではない、と思ったら、やらなければ良いのです。その時の状況や体制に逆らう勇気、守らない勇気があるかどうかということです。

ある保護者が言いました。「先生方一人一人は良い方で、よく話を聞いてくれるのですが、組織となると動いてくれない。学校を変えるのは大変です」

公立学校の教師は公務員なので、潰れないという経営上の危機感の欠如があります。私にも、余程のことがない限り失業しないという安心感があります。そして新しいことを率先して始めるというよりは現状を守るという色彩が強くなります。働く場所はそこにいる人間を規定するのです。

言いすぎかもしれませんが、場所による規定から自由になろうとすると、その組織からはみ出してしまうことになります。それは同時にチームワークを乱すことになるためコミュニケーションの喪失を招き、心の居場所を自ら奪ってしまう危険性を孕んでいます。組織の中で歯車の動きが悪かったり、勝手に動いたりしたら他の歯車からも疎ましく思われます。

以前ある校長からこんなことを言われたことがあります。

「いつまでも担任ではいけない」

管理職になれということです。これを聞いた時、もう数十年も前に私が中学校の特別支援学級の担任になるという噂が広がった時に、当時の学年主任から言われた言葉を思い出しました。

「あのクラスの担任になってはいけない。なっても二、三年で止めるべきだ」

特別支援学級の担任になると普通学級の担任をする力がないと見なされるからならない方が良いという考え方、担任よりも管理職の方が良いという考え方、この二つが似ているように思われました。共通しているのは、私のことを本当に心配してくれている人だったから忠告してくれたということです。そんな人がこんなことを言わなければならない程、この問題の根は深いのです。中学校に勤務していた頃に、ある学年主任が言ったことを思い出します。

「目の前に教頭職がぶら下がってみー、そりゃ心が動くで」

一人の人間である前に組織の人間であることを優先した時、人間としてのその人は終わります。簡単に言えば、組織に魂を売るか、売らないかということです。しかし、組織から給料をもらっている以上、多かれ少なかれ魂は売ることになります。「私を限界づけるものが、私を支える」（藤本一司『倫理学への助走』北樹出版）のです。

自分の住む所には　自分で表札を出すに限る
自分の寝泊まりする場所に　他人がかけてくれる表札は
いつもろくなことはない
精神の在り場所も　ハタから表札をかけられてはならない
石垣りん　それでよい

石垣りん「表札」（『石垣りん詩集』ハルキ文庫）

ある時、特別支援学校（当時の養護学校）に普通学校から転勤して来た先生から相談を受けたことがありました。それは前任校の校長に「ここに長くいてはいけない。だめになってしまう。三年で転勤するべきだ」と言われたという相談です。それは、私が普通学級から特別支援学級の担任になる時、上司から言われた言葉と全く同じでした。

一言で言えば「障がい児」や「担任」を馬鹿にしているのです。そんな校長の胸ぐらを摑んで「ふざけんじゃねーよ！」と言えればどんなにスカッとすることでしょう。

教育委員会、文部科学省はこれをどう考えるのか分かりませんが、人権感覚の欠落した者を管理職に任命した上司という点で言えば、総理大臣も同じ穴のむじなかもしれません。なぜなら以下のようなことが実際にあったからです。

安倍政権下でのある文部科学政務次官は、二〇一二年三月二十七日に参議院の「沖縄及び北方問題に関する特別委員会で『アイヌ民族歴史と現在』という名称の副読本の内容について言及しました。この政務次官は、副読本が「日本国民は単一民族でないと説明しており、敵対をあおる内容で日本人を全否定している」と攻撃しました。「日本国民と言った場合、それは日本の国籍をもっている人を指すが、決して単一の民族を指すものではない。現在、日本国民には倭人、アイヌ、……云々」と書かれているにも関わらず、在日韓国朝鮮人は日本人ではないと息巻いたのです。「日本国民と言った場合、それは日本の国籍をもっている人を指すが、決して単一の民族を指すものではない」この表現のどこがおかしいのでしょうか？　この副読本はアイヌ民族の歴史と現在の関係を知るための本です。「アイヌ文化の振興並びにアイヌの伝統等に関する知識の普及及び啓発に関する法律」（アイヌ新法）の一条の中には「……アイヌの人々の民族としての誇りが尊重される社会の実現を図り……」とあります。アイヌは独自の文化をもった北海道の先住民族です。この法律が、アイヌ出身の萱野茂氏の尽力により成立する以前は「北海道旧土人保護法」という名称でした。

在日の方についても、日本に帰化した日本国籍のある在日韓国朝鮮人はいくらでもいます。そもそも強制的に連行されて日本に連れて来られた朝鮮半島の人々がそのまま日本にいる事実は、元を正せば誰が悪いのでしょうか？「敵意をあおっている」のはどちらでしょうか？　悪いことをしたら謝るのは当たり前のことです。

大学生の頃、東京の中野にある中華料理屋のカウンター席で友達とネギラーメンを食べていた時、隣の酔ったおじさんが私に絡んで言いました。

「あんた日本人か」

私は何のことか分からずに黙っていると、そのおじさんは声を荒げて更に言います。

「あんた日本人かって聞いてんだよ！」

私は「はい」と言いました。

「日本人、戦争で何した？　ええ？」

その時、カウンター越しに店主が「お客さんに絡むのやめてよ」と割って入りました。おじさんはブツブツ言いながらタバコをふかしていました。それ以上からまれたらどうなっていたのか分かりませんが、嫌な気持ちになりました。同時に、これは考えなければならない問題提起だと思いました。

私の小学校からの友達にW君がいます。彼とは中学校も同じバスケットボール部でした。高校は違いましたが二人とも浪人しました。独特な感性をもつ彼はとても面白く、話の種は尽きません。彼の周囲はいつも笑いで満たされ、よく涙を流しながら笑っていました。二十歳を超えて私たちは飲み歩き、様々なことについて語りました。

ある夜、私の下宿に泊まることになった彼は、電気を消した部屋の布団にくるまって小さな声で言いました。

「成金（当時の私のあだ名）、悩みあるか？」

彼からそんな言葉が出ることがおかしくて、私は言いました。

「何言うてるん？」

「いや、やっぱりやめとこう。成金に十字架背負わすことになる」

そう言われると気になります。

「言えよ」

それから、言うだのやめるだののやりとりがありました。

「人に言える悩みって、悩みじゃないんだよな」

彼は自分の中で闘っているようでした。暫くして沈黙の後、Wは言いました。

「俺、日本人じゃないんだ」

「えっ」

私は、彼がまた冗談を言っているのかと思いました。日本人じゃないって、どういうこと？

「俺、在日なんだ」

それまで、「そういうこと」に無頓着だった私はやっと気づきました。小学校からずっと一緒だったWが日本人じゃない!?　ずっと隠していた！

「京都の大学、受験した時あったろ？」

「ああ」

「あの時、俺、最後の英語の試験を受けずに帰ってしまったんだ」

「知ってるよ」

彼は京都の私立大学の入学試験の途中で抜け出したのです。

「全部受けたら受かると思ったんだ」

私には質問の言葉が出ません。

「俺の高校、合格者の名前を張り出すんだ。それで、本名がみんなにばれるのが怖かった。俺、本当はWじゃなくて朴って言うんだ」

「……」

「親父や兄弟は帰化したから日本名なんだけど、俺だけ帰化してないんだ。だから押捺もしなければいけない」

「……そうか」

私は何も言えなくなりました。私には分からない孤独な闘いをずっと続けていたんだ！　涙を流して笑っていたあの時も、あの時も……心の傷の深さを推し量ると、語っていないもっとたくさんの事柄があることに想いをはせ絶句してしまいました。そして、Wのみならず私も会ったことのあるWのお父さんやお母さん、兄弟がどれだけ血の涙を流したことだろうと思いました。

「十字架負わせてしまったな」

「いや」

そう言ったものの、重たいものが心の奥に残りました。しかし、背負うに値する素晴らしい十字架だったと今でも思っています。そして、この十字架は日本人全てが負わなければならないものだと思います。

また、大学生の時の友達に沖縄出身のI君がいました。「成沢はそんな奴じゃないから言うけど、俺は内地の奴らのことが好きじゃなかった」。お祝いの時には海岸に穴を掘って豚を丸焼きにする等、沖縄の文化についていろいろ聞かせてもらっていた時の話でした。「沖縄出身ということでいじめられていた奴が首つり自殺をしたことがあった。それから沖縄県人会の寮にある柿の木は切られて、今はもうなくなっている」。I君は県人会の寮に住んでいたのです。

沖縄と一括りにするのは間違いかもしれませんが、少なくともI君から聞いた沖縄の話から、私はW君が抱えていたものと同じような何かを受け取りました。

身近な例を挙げましたが、在日や沖縄に限らず弱い立場にある人々の問題は、周囲にその原因があります。正しく知ること、それは関係性から見ようとすることです。その基礎の部分に必要なのが、人権感覚と他人に対する敬意だと思います。

今、ネット上をはじめとして様々な場で人権を無視したようなヘイトスピーチを行い、社会的マイノリティを排除しようという国粋主義的な風潮があります。雑誌や本も排外的な物が売上を伸ばすようになりました。そして安倍政権が誕生し、前述の人権感覚の欠落している人が文部科学政務次官から文部科学副大臣になりました。集団的自衛権に関して法的安定性は関係ないと首相補佐官が発言し、沖縄の新聞社二社は潰さなければいけないと自民党の勉強会で話題になるなど、とんでもない考え方をした方々がたくさんいます。戦時中、多くの在日朝鮮人が炭坑で強制労働を強いられ死亡しましたが、その一つに麻生鉱業（現・株式会社麻生）も挙げられています。元総理大臣、麻生太郎の関係企業です。そういう人間が副総理を務める安倍政権は、共謀罪、集団的自衛権を認める法律を成立させ、内閣人事局をつくり、森友、加計学園問題で数々の疑惑をもみ消し、前代未聞の公文書改竄問題でも政治家は責任をとりませんでした。独裁者に忖度させるシステムを構築し、もはや民主主義は崩壊寸前の状態と言っても過言ではありません。資本家や政治家に都合のいい戦争のできる社会を急速につくりつつあります。

任命した者にその責任がありますが、こんな人が全国の教育行政に影響を及ぼしていたのです。大きな歯車がこの有様ですから、市民に寄り添う地方の行政、管理職であれば大変だと思います。組織なので上司の命令には従わなければなりませんが、人としての生き方や考え方は仕事や組織に先行するべきです。

いじめ、不登校解消や学力向上など成果のあった学校に百万円配るというシステムを導入したある県で、心ある市長は拒否しました。県の方針を市が拒否したのです。組織の一部とは言え、上に立つ者によって状況はかなり変えうるということでしょう。

学校としてのビジョンが明確であれば、そこに行くという目的やどこを目指すのかが分かりやすく、職員のやる気も湧いてきます。私が「よし、わかった、そちらに向かってがんばろう」という気持ちになる時の校長や教頭は「このままではいけない」という考え方の人でした。

行き着こうとする場所が明確であれば、どんなに忙しくても優先順位を明確にすることができるので多忙にはなりにくいのですが、ビジョンが希薄で目的地がはっきりしない場合には閉鎖感が伴う上に全ての業務が同じような重さでのしかかってくるため、多忙で精神的にも疲れてしまうのです。

おかしいと思っても変えることができないことはたくさんありますが、変えようと思うことやできることをしようとすることは大切です。心の根幹まで組織によって支えられている人間は、その組織自体を変える訳にはいきません。自分を支えてくれている大木を倒すようなことはできないのです。おかしいと思っても保身を考えると「NO」と言うことはできない構造になっているのです。

学校で歯車を統括する校長や教頭は、職員が働きやすいように舵取りをするのが役目です。そして、校長、教頭である前に、心ある人であってもらいたいと思います。「このままではいけない」という勇気ある大人であってもらいたいのです。

組織にいる人は全て、「弱い立場の人たちがどのような状態にあるかで、その集団の質がわかる」という言葉を肝に銘じるべきです。

バランスと多様性

花粉症で眼科に行き目薬をもらって家に帰り、点眼した時のことです。薬が涙腺を伝わり喉を通って胃の中に入り込みました。凄く苦くて胃が痛くなりました。それ以来、私はその点眼薬をつけるのを止めました。眼科の医師は目の症状に合う薬を処方してくれたのですが、胃が痛くなるとは思っていなかったのでしょう。眼科の対応としては目を治すことが目的なのだからそれで良いのでしょうが、私としては胃が痛くなるのは困るのです。眼という部分だけ考えて医師は処方しましたが、私という全体像がその薬に「ＮＯ」と言ったのです。

教育の世界でもこれに似たことがあります。特性を踏まえた自閉症への対応をしているつもりでも、当人としては「それは困る」と言う場合があるのではないでしょうか。

ある自閉症の子は参観日にお母さんを見ると泣き叫んでパニックになります。お母さんが嫌いな訳ではありません。いつもは学校にいないはずのお母さんが突然現れることが嫌なのです。

参観日の前日に、私はお母さんの顔写真のお面をつくって本人の前に現れました。その子は私に近付き、まじまじと見ては逃げました。恐る恐る近づき、でもまた見ては逃げます。その日は朝の会まで着替えもできず、パニックにはならなかったものの暫くの間調子が崩れました。私は予防注射の効果のようなものを期待していたのです。そして参観日当日、実物のお母さんの姿を見ましたが、いつもと違って大きなパニックにはならずに済みました。私はこの「お面作戦」をやって良かったと思いました。また、ある小学部の児童がスクールバスに乗る時、片足を上げて暫くの間、妙なポーズをとって乗り込みます。後ろにはバスに乗る子どもたちが待っています。「はやく乗って」などと言っても聞きません。乗せようとするとパニックになってしまいます。そこで、教室からバスまでの経路を変更して違うルートで行くようにするとスムーズに乗ることができるようになりました。

教師は往々にしてこういうことに動機づけられています。「上手くいく」「変える」「結果が見える」「できる」といった即時にご褒美が得られる成功体験です。私が小学生の時に給食を最後まで残さずに食べなければならないとした先生も残飯のない食缶や自分の言うことをきく子どもたちに動機づけられていたことでしょう。

反対に、自閉症のことを分かろうとしないで困った行動に意識を奪われてしまい「きちんとさせなくては」と思い込み、ひどく叱ったり、殴ったりしてしまった先生がいたとしましょう。その結果、その子が学校に来られなくなってしまったとしたら、その先生は「しまった」と思うはずです。そして、自分の対応を省みることでしょう。

人に限らず、全ての生き物は自分の行動の結果に動機づけられています。何かをしよう、何かを止めようという意識には必然性があります。そしてランダムな刺激が行動を維持させます。釣りも同じです。いつも釣れるとは限りませんが、たまに釣れるから面白いのです。大漁だった場所にはもう一度行ってみようという気になりますが、一匹も釣れなかった場所にはまた行こうとは思わないでしょう。ネオンはついたり消えたりするから刺激になります。壁に貼ったポスターも最初のうちは刺激になりますが、ずっと貼っておくと風景の一部になります。ずっと同じよりも、たまに違うことが刺激となり行動を維持させます。

文部科学省が校長や教頭の他に、副校長、主幹教諭、指導教諭をおいたのも、その役職になることで動機づけられることを前提にしているからです。個性的で様々な教師がいるからこそ教育現場は学びの多様性を維持できるのであり、それは児童生徒の健やかな成長に結びつきます。ある一定レベルの専門性を全ての教師がもつことは大切ですが「こうあらねばならない」という括りを設け、専門性の向上という名目の元に同じような教師をつくり出そうとしているのであれば、その集団の質は貧弱なものになるでしょう。均質的な集団は、「支配・非支配」の関係、言い換えれば序列化によって支えられるような危うさをもっています。なぜならば「あまりに似すぎた集団の中で自分の唯一無二性を傷つけられた者の感心は、序列における差異を熱心に志向するからです」（藤本一司『愉しく生きる技法』北樹出版）。

「障がい」の種類・程度で分ける特別支援学級・学校はその均質化の最たるものでしょう。多様でなければならないのは教員だけでなく、子どももまた多様であったほうが、刺激し合い豊かに学び合うことができると思います。しかし、物理的に隔てられ学び合う環境が破壊されています。結果として普通学級で過ごす児童生徒には「障がい」が遠い存在になり、分からない、怖い存在になっていきます。

教師の年齢層は年々高齢化し、若い正規の教員は少なくなりました。その分、講師等の非正規教員で何とかしようとしています。教員集団の年齢層のバランスは崩れ、ベテラン教員が多数を占めるようになりました。画一的な集団は脆弱ですが、現在の教育現場はその方向に進みつつあります。

自然界は様々な種類の生物がいて繁栄しています。ある大型の水鳥が川魚を補食することを考えてみます。川魚の鮎に特有の病気が発生して、食べた水鳥も死んでしまうという場合、川魚が鮎だけだったら水鳥も全滅してしまいます。しかし、川魚はオイカワやカワムツ等々、同類生物の多様性により、それらを食べていた水鳥は助かって絶滅を防ぐことができます。これは自然界全てにあてはまることで、画一的な集団が危険であることを物語っています。

私は、状況に合わせていつも無意識にどこかでバランスをとろうとしているような気がします。それは心のバランスだったり行動のバランスだったりします。結果として、いつもみんなと違うことをしようとします。この本を書かなくてはならない、と思ったのも、現在の状況に対してバランスをとらなくてはいけないと思ったからです。教育することだけに熱中してしまう教師くさい教師の集団にはいたたまれなくなります。

世の中のバランスは経済優先で競争主義化し、刹那的に生きる人間が増え、自然は破壊され、余裕のない教育や暮らしの中で生きる状況が生じています。

身体が平熱以上の熱を出すのは体内の悪い細菌を殺そうとしているからだし、下痢も無理に止めるのではなく体内の悪い物を出そうとしているのだから出した方が良い、と言われます。同様に、不登校やいじめ、学力低下等、学校の抱える様々な問題も何かの警告としてそのような現象が生じているはずです。なぜそうなるのかという因果関係を明らかにしないまま対応ばかりを急いでも、的外れな対応になるのは当然です。

バランスが崩れると生物種は滅亡の危機に瀕します。前述の通り、多くの生物種が存在することによって種の絶滅を回避しています。先生だって同じです。様々な先生の存在を許さない状況は教育全体を貧弱なものにするでしょう。先生らしいしっかりした先生がたくさんいるのは良いことです。その一方で、先生というイメージからどれだけ大きく外れることができるか、そういう先生の存在を許容できるかが教育界の質を決めるように思います。自分らしさを生かすこと、教師間の指導法が単一にならないこと、組織の中で染まらないこと、これらは教育の質を高めることと無関係ではありません。幅の広さが大切なのです。幻想でしかない「正解」を追い求めすぎて画一化が進む時、先生という種も絶滅を迎えるでしょう。「良い先生が少なくなった」と言われるのは「良い先生」が生きにくくなっているのだと思います。同時に「先生というのは『みんなと同じになりたい人間』の前には決して姿を現さない」（内田樹『先生はえらい』ちくまプリマー新書）のですから、自分にとっての先生を見つけることができる人間が減ってきているのかもしれません。知識技能の習得ではなく、主体的に自分にしかできないことを学ぼうと思っている児童生徒が減少しているのかもしれないのです。主体的な学びを保障するということは、想像力を保障することでもあります。そのためには、教師自身が想像力豊かでなければなりません。

教育の世界が専門性を高めつつ画一化されないためのキーワードが「バランス」であり「多様性」であることは間違いないと思います。

第四章　コーディネーターの視点から考える

悲しきコーディネーター

特別支援教育が始まる時のキーワードとして、個別の指導計画、特別支援教育コーディネーター、広域特別支援連携協議会という三つの柱がありました。私は特別支援教育コーディネーターとして十年以上活動させていただきました。特別支援教育を推進するにあたっての役目は、次第に「相談」から「指導」に変化し、私の勤務する県の事業としての名称も「巡回相談員派遣事業」から「専門指導員派遣事業」になりました。

困っている状況を見立て、その軽減に有効な方略を短期的、長期的に見通し、情報提供すること、リソースに気づき見つけること、様々なリソースを結びつける（人と人をつなぐ）こと、簡単に言えば交通整理をすることがコーディネーターの重要な責務ではないかと思います。これはとても大切なことですが、その一方で何となくうさん臭い感じがします。

コーディネーターは担任から外れることが多い分、子どもたちとの密接な関わりは少なくなります。研修会やケース会を企画したり、学校園に出向いて相談活動をしたり、その内容は様々です。子どもたちとの関わりが薄くなっているにも関わらず、現在、その最前線で児童生徒と密接な関わりをしている先生方に有益な情報を提供しなければなりません。リアルで役に立つ情報を提供し納得してもらう必要があります。「こうやれば良い」と明確に伝えやすい応用行動分析や構造化の話がもてはやされる原因はここにもあります。自分がオリジナルで考え出したものではない、どこかで得た知識を切り貼りして他人に話す苦痛、行き先の学校園では講師扱いされ、自分のプレゼンテーションを誰かが無断で使ううさん臭さ、いろんな意味での怪しさを感じました。

特別支援学校には「センター的機能」を果たすことが求められています。地域の普通学校に在籍する特別支援の必要な児童生徒についてノウハウを生かして支援せよ、ということです。これもコーディネーターの活動領域となります。

私は特別支援学校に勤務してからは、担任をはじめ学年主任、自立活動主任、コーディネーター、生徒指導主事、研究主任、地域連携、人権教育、等々、様々な業務を分掌し、担任を外れることもしばしばありました。ある特別支援学校ではセンター的機能を果たすべく、外部支援専属になって全県下各地の保育園、幼稚園、小中高等学校を巡回しながら先生方や保護者の方々の相談にのらせていただきました。当時の校長は「困っている学校園があればできる限り支援する」という方針だったのです。学校にいることがほとんどない状態なので給食も止めていました。自校の児童生徒とのふれ合いが少なく寂しい思いもしましたが、本当に多くの学校園に行かせていただき勉強にもなりました。

ところが転勤した先の特別支援学校の校長は「こんなことをいつまでするのか」という全く異なる方針を打ち出しました。驚くべきことに、この校長は前任校で副校長だった人なのです。つまり「困っている学校園があればできる限り支援する」という方針の校長の下で働いていた人なのです。この校長は「立場が変われば、話す内容が変わるのは当然」と平気で言いました。校長の考え方によってセンター的機能の有り様はこんなにも変わるのかと思いました。これでは支援を受ける側の保幼小中高からすれば、特別支援学校ごとに支援に来てくれたり来なかったりということになってしまいます。

外部からの相談に乗ってもらいたい、という依頼が度重なると「依頼が後を絶たず断るのが大変」「人気があるのも考えもの」などと言われるのです。前任校の校長の方針に従って一生懸命に外部支援をした結果がこれか、と心から悲しく思いました。

また、この校長は「何度も同じ学校園に行くのは支援が上手くいっていないからではないか」「こちらから出掛けるばかりでなく、来校してもらって支援の参考にしてもらうことも大切」という考え方でした。それが全て間違っているとは思いませんし特別支援学級の先生については役に立つこともあると思います。しかし、普通学校で困っているケースの多くは特別支援学校での様子を見学してもあまり参考にならないのではないかと思います。ＡＤＨＤや空気の読めない自閉症の児童生徒に普通学校という集団の中でいかに対応するかということがポイントなので、個別の対応がこんなに充実していますという特別支援学校の例を見学しても、集団での合理的配慮という視点からは自校のリアルな支援の参考にはなりにくいのです。

ある特別支援学校は、巡回相談に出る回数を一学期に一回と決めていました。こうすれば出る回数は当然限られるし、呼ぶ側もあの学校はあまり来てくれないということになるでしょう。来てくれるのは一回に限られているという意識をもつメリットもあるでしょうが、いずれにせよ依頼の数は減るに違いありません。それは支援が上手くいっていることになるのでしょうか？

ここでも評価の問題が浮上します。サービス業という観点から考えると、呼んだ側が「来てくれて良かった」と思えばまた呼ぼうということになるし、「あまり良くなかった」と感じれば、また呼ぼうということにはなりません。実際に出向いていった学校園でどのような相談活動が行われたのか、リアルなその場面を特別支援学校の校長が見る機会はまずないのです。「呼ばれない方が支援が上手くいっている状態」と考えるのか「呼ばれるのは役に立っているから」と考えるのかは、校長の考え方に依るのです。どうとでも解釈可能、それは校長次第、ということが問題なのです。これも「倒産しない」という大前提による甘えだと思います。

以前、ある保護者に言われたことを思い出して、これが企業だったらどうだろうか？　と考えたことがあります。例えばホンダの自動車を買おうと思った人が、ホンダのある店舗では希望の車種が購入できるが、ある店舗ではできない、などということはあり得ません。サービス業の一つとして企業と比較した場合、ここでも組織としての教育公務員の甘さが露呈されていま す。同じ税金を払っているのに受けるサービスに違いが生じる結果になっているのです。

しかし、これは、前述した「様々な先生の存在を許さない状況は教育全体を貧弱なものにする」という考え方と矛盾します。多様性を認めるのであれば、各学校長にも多様な人がいて良いと言うことになります。事実、この校長は外部支援をあまり歓迎していないが、先生らしさから外れた人間的には好感のもてる人物でした。

同じサービスを受けることができるように、もっと上から各学校に指導できるようなシステムにしようという動きがあります。これは危険な臭いがします。末端で右往左往しながら働く者は、歯車の一つとして大きな流れに翻弄されますが、リアルな現場から感じる確かな想いがあります。

支援の要請がある学校園は「困っている」という自覚があるから支援の依頼をする訳ですが、誰が何に困っているのでしょうか。先生が発達障がいのある子どもに困っている、先生がある子の家庭も含めた支援が上手くいかずに困っている、先生が個別の指導計画の活用ができずに困っている、校長先生が、先生方に特別支援教育の視点をもってもらえなくて困っている……様々な困り方があると思いますが、依頼の要請を行うのは当然、学校園です。子どもたちではありません。支援依頼のない学校園の中にも、静かにじっと困っている子どもたちがいることでしょう。また、本人は困っていないのだけれど、結果として周囲の秩序を乱すため、教師が手におえないので「この子は困っているはずだ」と思い込むこともあるでしょう。学校や先生が何かしらに困らないと「困った」ということにはならないのです。

コーディネーターは、支援先の子の担任ではありませんから、ガラス越しに支援しているようなもどかしさを感じることがよくありました。支援先の学校園に誠心誠意伝えようと努力しますが、伝えられることとしか伝えられない、分かってもらえることとしか分かってもらえない、という壁に突き当たります。分かるとはどういうことか、伝えるとはどういうことか、を考えさせられます。

自分だけではなく多くの視点で考えることは大切です。個々の事例について関係者が集まって話し合うケース会というのがあります。これは困っている状態を改善しようという目的で行われることがほとんどです。こんなに良いことがあるからみんなで共有しよう、ということは滅多にありません。従って「今の状態を変えよう」とか「今のままではいけない」という前提の元に行われます。それは仕方のないことですが、良くないことばかりに注目していると、他のことが見えなくなりがちです。良いところ、楽しいところに注目することを忘れてはいけません。

私は基本的に子どもを変えようなどと思ったことはありません。「その子らしさを味わう」という気持ちで接しています。自分には子どもを変える力などないと思っています。でも、結果的に子どもは健やかに育つように思います。

保護者や関係機関との連携は当然必要です。それは同時に、教育分野としての専門性とは何か、が問われることになります。医療、福祉、行政からの情報を総合して教育機関がセンター的機能を果たすことが求められているのです。それぞれの分野には専門とする内容があります。教育の内容とは何かと言うと、児童生徒の健やかな成長を促すことにあります。では、どうなれば「健やかな成長を促した」ことになるのか、ということが求められます。目標も明確に行動目標で書くように言われ、評価もどういう支援で「できた」のか、あるいは「できつつある」のかといった表記になります。

それが悪いという訳ではないのですが、何か抜け落ちている気がしてなりません。そんなに明確にして良いのか、人間ってそんなに簡単なものか、という思いがどこかにあります。説明しやすい事柄や納得できる話には、どこかに落とし穴があるように思えて仕方がないのです。そこを問題にできないことが、特別支援教育現場における最大の問題の一つだと思います。

ケース会では解決の筋道を整理することが求められます。そうしなければ絡まった糸を解きほぐすことはできないからです。児童生徒の問題の背景には様々な要因がありますから、問題の解決も一筋縄ではいきません。学校での支援者の問題、担任を指名した校長の問題、担任を支えることができない学年の問題、学校の問題などです。しかし、問題の原因探しには意味がありません。次の段階に行けるのはポジティブな発想からです。環境により落ち着いた、行動観察をして、大人の関わり方が変わることで適切な関わりができるようになった等、前向きに考えることが大切です。

家庭の問題は複雑で困難です。虐待がらみ、祖父母の無理解、男女関係、服薬管理、金銭がらみ等々、他機関のお世話にならなければならないケースがほとんどです。そういう場合、学校ではなく、福祉事務所や地域生活支援センター、病院等でケース会を行う場合もあります。

児童相談所や福祉、行政の協力が不可欠であることはもちろん、学校と家庭、福祉の間を調整するスクールソーシャルワーカーに入ってもらうこともあります。ヘルパーからの情報が重要になることもあります。医療との連携が必要な場合も多く、精神保健衛生士が中に入って調整することもあります。発達障がい者支援センターや各地域にある地域生活支援センターの相談員も力強い味方です。福祉との仲立ちから高等部卒業後の計画相談支援やモニタリングまで長期的な視点で本人と関わってくれます。

ある地域生活支援センターの相談員の方に「我々が本人と関わるのは大きくなってからです。どうしようもない状態ではなく、学校教育の時期に何とかして我々が引き継げるとありがたいです」と言われたことがあります。学校として、できることをもっとやらないといけないと思わされた一言でした。

幼稚園・保育園について思うこと

幼稚園、保育園に限りませんが、巡回相談に行く時には事前に対象となる子どもの情報を文書で送ってもらい、大まかな相談内容を把握している状態で出向きます。

小さい時ほど一年間の差は大きいものです。四月生まれと三月生まれでは、ほぼ一年違いますから、発達段階としても大きな開きがあります。○○歳だから○○ができるようになるハズという発達至上主義はいかがなものかと思いますが、その一方でそれは知っておく必要があるとも思います。ただ、○○歳という枠は目安なので、それに囚われてはいけないということです。外れる子だって必ずいるのです。

大切なことは、子どもは変化する存在であるということです。変化とは成長のことです。なぜ成長するのかというと、そのままの状態ではいられないからです。今の状態の中にそのままではいられない要素があるから成長するのです。結果としてできることが増えていきますが、それは自分の中にある「そのままではいられない要素」を克服したからに他なりません。子どもの中にある「できないこと」「困難なこと」「困っていること」、つまり「矛盾」こそが成長の糧なのです。

そう考えると、「〇〇ができない」という相談は、その内容自体が成長過程なのです。「集団の中に入れない」「友達と仲良く遊べない」「ルールを守れない」「じっとしていられない」「片付けができない」……できないことの中には成長するための要素が詰まっているはずです。

子どもの行動には必然性がありますから、よく見ると必ず行動にはきっかけや意味があります。なぜ集団の中に入れないのか、なぜ友達と仲良く遊べないのか、なぜルールを守れないのか、なぜじっとしていられないのか、なぜ片付けができないのか……その理由を考える必要があります。環境との関連から子どもの内面を推し量ることです。関わり方ばかりに気をとられていると、子どもの内面を推し量ることができにくくなりますから注意しなければなりません。内面を推し量ることができて行動の意味が分かれば、関わり方は自ずと決まってくるでしょう。

幼稚園や保育園で気になるのは、対象の子ども以外に「この子はどうでしょうか?」「あの子はどうでしょうか?」というスクリーニングのようなことを求められることです。この時期、多少落ち着きがないのは普通です。本人が困っているようなら別ですが少々のことは目をつぶっても良いと思います。認められている、受け入れられているという環境をつくることの大切さを家庭と共有できていれば良いのです。その上で、本人が成長するための環境をしかけて、よく観察することとす。

発達の遅れや偏りの心配があるので早期に見つけたいという気持ちも分かりますが、何となく落ち着きがない、とか、片付けができにくい、という程度の子であれば、そんなに異なった対応をする必要はないと思います。仮に「そういう子」だったとしても、大人や子どもたちの中での育ちを大切にしてもらいたいものです。特性に合った早期教育は非常に大切ですが、「障がいの特性探し」というフィルターをかけすぎないように気を付ける必要があります。

もしも子どもに「障がい」があった場合、保護者の方は受容ができにくいでしょう。それは「障がい」に向き合うことがはじめてなので仕方のないことです。誰かに支えてもらいたい、すがりたいという気持ちがあって当然です。療育に熱心になる方、園に保育のレベルアップを要求する方、就学について子どもには適切と思えない方向を希望される方等、様々です。いずれにしても、何とかしてくれると期待している人に向かって援助を求めたり要求したりするでしょう。子どもも含めて家庭のケアも必要になります。

もう一つ気になることがあります。幼稚園、保育園というのは集団で何かを学ぶ最初の機会ですが、その中で「がんばる」ということがすでにあることです。中でも給食の場面で「がんばって食べる」ことには違和感があります。多くの先生方は無理強いしていませんし、量を少なくして、食べ切った達成感をもってもらいたい、という願いもあるでしょう。ただ、基本的に食事はがんばって食べるものではありません。楽しく食べる、おいしく食べるものです。でも栄養が偏らないように、調理してくれた人に感謝して残さないことを学んでもらうために、「がんばって」食べさせようというのは先生の傲慢です。日本はどれだけの無駄をしているでしょうか？　家庭で残飯は出ないでしょうか？

賞味期限切れの弁当をコンビニはどれだけ捨てているでしょうか？　地球村代表、高木善之氏の講演（二〇一四年九月二十三日）によると、日本では一日に三六〇〇万人分の食料が廃棄されているそうです。一人当たりの食糧供給量を比較すると、日本では必要なカロリーより三一％も多く、ソマリアでは一六％不足しています。私たちのように食べるものがいつでも十分手に入るのは、世界のおよそ二割の人だけなのです。

そんなことは横に置いて「がんばって」食べなさいと言うのです。嫌いな物を食べられない子にとって、先生は嫌なことを押しつける大人となりますから、良い印象はもちにくいでしょう。好きな先生が少しすすめるくらいの促しなら良いと思いますし、「好きな先生がそう言うんだったら食べようか」という気持ちになるかもしれません。柔らかい対応で良いと思います。厳しい対応、きつい対応は、そういう対応でなければ聞かない子を育てます。先生も「自分を困らせる子」というイメージがどこかで付いてしまうでしょう。ある子どもへの先生の対応を他の子どもたちは見ています。先生がある子にもっているイメージがマイナスだった場合、それは他の子どもたちに伝染し、いじめの遠因になる可能性があります。

学校は「がんばる」「まとまる」ということにすごく大きな労力を費やしていますが、そのスタートとなる幼稚園、保育園から「がんばる」が始まっていること、それも給食の場面で始まっていることが残念でなりません。

がんばれない子もいるし、がんばるのが良いこととも思いません。がんばらなくても良いし、もっとゆっくり楽しく過ごしたら良いのです。これから先、この国ではがんばらなければならないことが山ほど出てきます。だからこそ、子どものうちからがんばらないでもらいたいのです。もちろん、がんばりたい子はがんばれば良い。他人に迷惑をかけない範囲で、やりたいことをやるのが一番です。子どもはそんなに愚かではありません。大人が何かを教えるなんてことをしなくても、良い環境さえあれば健やかに成長するのです。がんばって受験勉強に打ち勝って、良い会社に就職して、お金持ちになって偉い人になって、それが何なのでしょうか？　本当の自分の幸せとは何だったのか、良く考えてみることです。その答えは子どもたちが知っています。自然に近いところで生きることです。

学校教育は根底にある何かが間違っています。がんばらせるのではなく、その子らしさを味わうというのが基本的なスタンスで良いのです。その上で多様な環境を用意することにより、がんばりたい子はがんばるし、がんばりたくない、もっと他の重要で大切なことに関心のある子は、その子の好きなことをすれば良いと思います。がんばらせて、教えて子どもを変えていくのが教育だと勘違いしている大人が多すぎます。

何度も言いますが大人は子どもから学ぶべきです。子どもは大人ほど愚かではないからです。その子どもは小さければ小さいほど良いでしょう。「保育の現場も教育の現場も、成果があがらなくても最善をつくすことに喜びや生きがいを感じることが大事です。もっと親がこうすればとか、自分以外のだれかがどうすればとか、まして、子どもがこうなってくれればと、あまり思いすぎないで、ただ、子どもや家族のことを思いやって、これしかないという最善をつくすことです。……基本的に、保育、育児の現場にいるみなさんにとってたいせつなことは、その子にどういう愛の手をかけられるかということです。そのためには、自分に愛の心がなくてはなりません。そして愛の気持ちは、なによりも自分が愛されることによってしか生まれてこないのです」（佐々木正美『子どもへのまなざし』福音館書店）。

小学校について思うこと

小学校では友達同士の関わりの中で様々なことを学び合います。ただ知識を増やすだけではなく、友達と遊び、話し、学習する中で社会に出て行くための基礎を培う大切な時期です。

幼稚園や保育園では継続的な座学習はあまりなかったのに、小学校一年生になると四五分授業が四時間ほど続きます。この突然の変化に子どもは戸惑うことでしょう。がんばって座っていなくてはいけないのです。特に、ＡＤＨＤの子には苦手なことなので目立つようになります。そして注意されることが多くなるのです。私も小学生の頃によく言われました。「授業と休み時間の区別がついていない」と。

がんばることは更に増えます。テストがあり点数での評価が始まります。小学校の先生にとっては何ということもないでしょうが、子どもにしてみれば人生ではじめて数字で自分が評価されることになるのです。よく考えると恐るべきことです。点数は日常化して、少しでも良い点を取ることが自然になります。その結果、自分らしさを評価される一部が知育偏重の点数になります。

点数で評価されることにより何かを虐げられた自分は、点数や肩書きに依って自分らしさを維持するようになっていく子もいるでしょう。人が少しずつねじ曲げられる過程を見るようです。しかし、子どもたちは思っているよりも逞しいと思うことがあります。本当に問題なことや悩んでいることは言葉にはしません。逆に言うと言葉にすることで解決しようとしているのです。子どもたちもそこのところは分かっているように思います。「○○君は頭が良い」「○○君は頭が悪い」などと言っている姿を見ると、そんなに大きな問題とは思っていないように思われます。○○君の本質は知っている、頭が良いか悪いかは、○○君のごく一部でしかない、ことを知っているから言葉にすることができるのです。それは家庭や周囲の大人の価値観がどれだけ偏っているかに依る場合が多いように思います。

特に家庭が子どもの良さを認めていない場合、子どもそのものではなく子どもの点数や結果に一喜一憂します。子どもは良い点数をとる自分、良い結果を出す自分が親に認められていると受け取ります。自分そのものではなく、がんばって結果を出した自分を親は認めてくれると思い込むのです。土台となる愛情がしっかりしていれば大丈夫なのですが、そうではない場合、子どもは依って立つ基盤が人からの評価（親が望むもの）に依存します。その結果、自分を頼りにすることができず、いつも何かに依存しようとする傾向が強まり、目先のことに囚われてしまいます。ゲームに夢中になるのも、テストで良い点数をとるために塾通いするのもスマートフォンを手放せなくなるものも同じことです。将来に対しての明るい見通しがもてず、困ったことがあっても一歩引いてどうすればよいのか考える力が脆弱になります。その結果、いじめ、不登校、非行等、様々な問題が誘発されてきます。

自分も含めて偏った大人が、がんばる仕組みを巧妙に子どもに教え込むことにより、自分たちもその罠に絡め取られているのです。係長から課長、部長等々、昇進するのもがんばった結果です。大人ががんばって今を生きている。その姿を子どもが見てどう思うかということです。すごく楽しそうに生きているようには見えないのです。だから将来にも希望がもてないのです。がんばって大人になってもまだがんばり続けている大人に共鳴できない若者が増えているから政治にも無関心になり、刹那的な今を生きるしかなくなっているのではないでしょうか。

そんな大人への具体的な一歩を小学校で教え込まれているのだと思います。地位やお金のためではなく、楽しく生きられる仕組みを大人がつくらなければいけないのに、そうなっていないのです。川という川に護岸工事を施してコンクリートで固めて生物を激減させ、生活排水で汚し、川に入ることもなくなってしまいました。川の楽しみを知らない小学生もいます。大人は川に入るなと言います。黄金のような川の楽しみを大人が子どもから奪ってしまいました。こんなことをしていて、心が豊かになるはずがありません。子どもたちがゲームに没頭するしか楽しみがなくなるのも分かります。全ては大人の責任です。大人はもっと川や山に入って遊ぶべきなのです。そうすれば大切な自然を平気で汚したり破壊したりしなくなるでしょう。

巡回相談で小学校を訪問して思うことは、二～四年生くらいの児童が相談の対象になっている場合が多いということです。この年齢は複雑な人の心が分かり始め、自分や友達に関心が向きます。物語が楽しくなり本が好きになる時期とも重なります。ギャングエイジとも言われ、徒党を組んで友達と行動することが多くなります。学習で言えば算数の繰り上がり、繰り下がりの計算など、抽象的な概念を要する内容が多くなり、勉強が分かりにくくなってくる時期でもあります。

ベテランの先生が一年生や五～六年生を受けもつことが多いという印象があります。入学したての一年生は小学校の導入ということでいろいろと大変だし、最高学年になると様々なことにリーダーシップを発揮しなければなりません。間の三～四年生というのはどうも目が行き届かないように思います。

そんな中で普通学級での居場所がなくなり、学習も分からなくなっていく児童がいます。三～四年生頃から授業について行けなくなり、五年生頃から特別支援学級に入級するというケースがあります。いろいろな意味で、三～四年生というのは、その小学校を評価する時の一つの目安になるように思います。

ある特別支援学級を参観した時のことです。授業中なのに児童たちはザワザワして落ち着きがなく、先生が苦労されている様子が良く分かりました。理科の授業は別の先生が受けもたれていますが、その授業では落ち着いているのです。子どもは同じメンバーなのにどうしてこんなに違うんだろうと思いました。授業をされている先生が違うだけなのです。同じ学校内、同じ学級なのに、上手くいっている授業とそうでない授業があります。教員間で、なぜ上手くいっているのかという要素を共有することができていないのです。これは簡単なことではありませんが、校内委員会などである程度共有することはできるはずです。

これができにくい理由は二つあります。一つは上手くいっている先生の要素を抽出することが難しいことです。伝えることができる技術的なことの他に、その先生の人柄や雰囲気など伝えにくいことが大きな要素としてあるからです。これこそが「専門性」と言う要素です。もう一つは、先生というのは学級王国の国王なので、他の国王の言うことを聞くということはプライドが許さないという側面があることです。例えば、上手くいっている先生の授業を見学させてもらうとか、校長や教頭が上手くいっている要素を伝達するといったことができにくいのです。

このような事情があった上での巡回相談依頼ということになります。私はその学級の先生に可能な限り解決策をお伝えしましたが、それだけでは状況が良くならないことも分かっていました。伝えることができる内容の他に、人柄のようなことが関係しているように思えたからです。端的に言えば、担任が交代すれば良くなる可能性があるとも思いました。ここでも「教育は人なり」という言葉を思い出しました。

理科の授業を見学されることや、校内委員会を開いて上手くいくための情報共有をすることも提案しましたが、このケースなども校長の人事の問題が絡んでいます。特別支援教育にどれだけの本質的な意識を校長がもっているかによって事態は大きく異なるように思います。

中学校について思うこと

小学校では担任の先生がほとんどの授業をしていましたが、中学校になると教科ごとに先生がかわり、授業の進め方や宿題の出し方も異なります。中学校になると複数の小学校が一つの中学校に来る場合が多く、知らない友達と人間関係を構築しなければなりません。小学校で仲良しだった友達にも別の友達ができます。友達に支えられていたと思っていた生徒は、友達を取られたような孤独感に悩まされることもあります。小学校から中学校への変化はとても大きく、一年生の四～五月は心身ともに疲れる時期です。

この時期は著しい成長がある一方で干渉を嫌うようになり、母親の忠告に「うるせぇ！」などと口を荒らすこともあります。そのくせまだ支援が必要な時期なのですが、小学校のようにきめ細やかな配慮は前提になっていません。友達ができない不安や疎外感、いじめやからかい等、様々な問題が噴出し自己評価が低下する可能性のある時期です。周囲の大人がいかに気持ちに寄り添うかが問われます。本人にとってＳＯＳを出せる相手がいることが重要です。

ある中学校一年生のケースです。通常学級に在籍し発達障がいの疑いがある生徒でした。トラブルが頻発する、保護者が学校に不信感をもっているということで相談がありました。廊下で友達が向こうからぶつかってきた、わざと自分に意地悪をしている等、違った解釈の仕方をし、訂正されたり注意されたりすると「それって死ねってこと？」などと言います。また先生の言うことを聞かない生徒が許せず、先生に注意される生徒に対してきつい言葉を投げかけたり手を出したりすることもありました。

父親は厳しく接することが多く、本人は上下関係で物事を判断するため父親の言葉には従います。家庭でも荒れるようになって母親は困惑していました。高校生の兄ともトラブルになることが増えてきています。

学習にもついていきにくくなり、友人関係でのトラブルが目に見えて増えてきました。母親は中学校の対応に不満をもっており、教育センター・支援学校等複数の機関に相談に行ったり市教委に要望を出したりしていましたが、それぞれ助言される内容が異なり現状が変わらないので不満をつのらせていたのです。

各機関と連携を取り、ケース会を開催しました。以下のメンバーが出席し、役割分担を明確にした後、保護者を交えて二回目のケース会を実施しました。

・中学校――――校内委員会における対応・支援方針の明確化
・市教委――――コーディネーター・中学校への助言・小学校との連携
・教育センター――保護者相談・医療への勧め・保健師との連絡調整
・支援学校――――巡回相談
・保健師――――保護者支援・教育センターとの連絡調整

交通整理をする者同士が渋滞を起こしていたような例でした。同じような相談機関があるため、どこがイニシアチブを取るかという問題も絡んでいたのです。支援が錯綜していた面がありましたが、基本的な方針が一致したので、保護者にも一貫した対応を取ることができるようになりました。本人の状態が劇的に改善した訳ではありませんが、保護者も関係機関が本人や保護者のために努力していることは理解してくれるようになり、対立から協同へ方向転換することができました。

もう一つ別のよくあるケースです。特別支援学級に在籍していて、すぐに手が出る、暴言等のトラブルが頻発。落ち着きがなく片付けができにくい生徒です。立ち止まって考えることやがまんすることが苦手なのです。自動車で言うとアクセルはすぐ全開になりますが、ブレーキが効きにくいため、あちこちにぶつかりながら進んで行く車のようなものです。友達にすぐに手を出したり、先生に注意されると「うるせー、くそババア！」などと暴言を吐きます。自己コントロール力が弱いのです。

私たちは思っていることを全て口に出して言っている訳ではありません。頭の中で一端止まってから口に出しています。そういう「一端止まる」ということができにくいため、すぐに「くそババアー！」などと言ってしまうのです。結果として注意されることが多くなります。こういう子は周囲を厳しい家父長制的な環境に変えてしまいがちです。小さいころから「よしよし、かわいいね」などと可愛がられる環境が不足しがちなのです。

みんなと同じことをしている状態は本人ががんばっている状態なのですが、褒められることは滅多

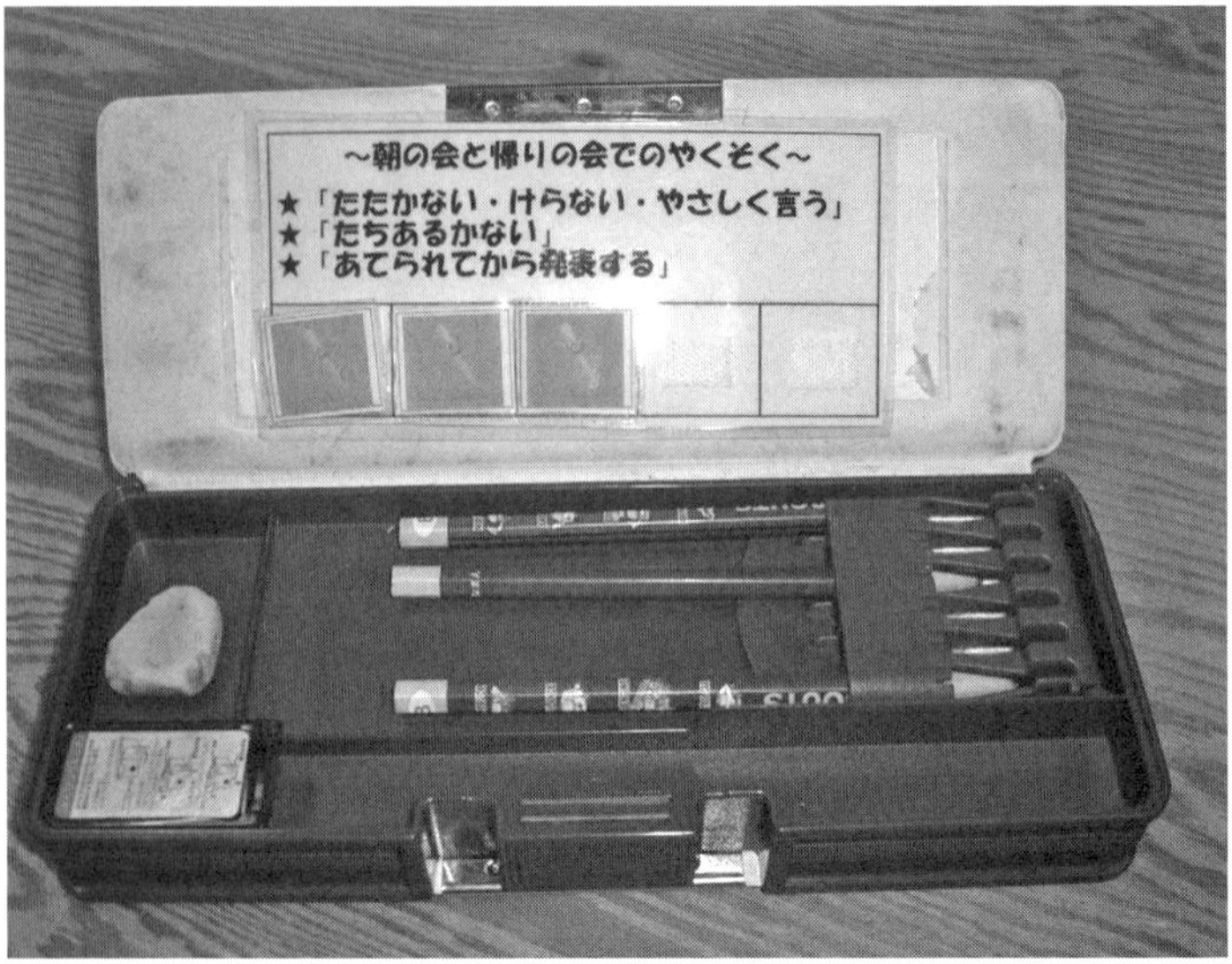

ふでばこに貼った「三つのやくそく」ともらったシール

にありません。早送りスイッチが入りっぱなしのような状態なので、本人も疲れてしまっています。一日中がんばることは難しいので、場面限定で本人ががんばることができる環境を用意することをおすすめしました。

好きな活動を報酬に、具体的に「これをがんばる」ことを明確にして本人が自分でがんばろうという気持ちになれる時間を設定したのが写真です。この生徒は割り箸をボンドで組み立てて、ビルやタワーなどのオブジェをつくることが好きだったので、割り箸を報酬にしました。朝の会と帰りの会の時間に限定して三つの約束を守れたらシールをもらえます。五枚たまったら割り箸一〇膳プレゼントということでがんばることができました。

このような生徒への対応で大切なことを簡単にまとめると次のようになります。

・指示は一つずつ、ルールや手順を具体的に示す。
・達成可能な努力目標を決める。
・注意の持続時間を考慮した課題。
・無理やりにでも褒める。
・得意なことを活かした活動（お手伝い係・配布係等）。
・失敗の経験をなるべくさせない。
・具体的で本人が納得する約束。
・教師が守らせることができる内容を設定。
・シール、レッドカード、がんばり表等を使う。
・「これだけできたら○○ができる」という見通しをもたせる。
・作業的な活動をなるべく取り入れる。
・することを項目にして視覚的に提示。
・毅然とした態度、とことん可愛がる心の余裕。

ケース会を行う時間というのは大抵の場合放課後です。授業のある時間帯は担任が出席できないからです。しかし、こういう生徒に実際に関わるのは担任だけでなく支援員という場合も多々あります。

支援員とは教員ではありませんが、学校の要請により教育委員会が募集し時給で雇っている方のことです。支援員は生徒のいる時間の勤務になるためケース会に出ることは多くありません。そこで、支援員の方に見ていただくためのプリントをつくりました。

また、マイナスの行動には承認を与えないということも大切です。授業を妨げるような行動を行うことによって先生や支援員にかまってもらえたり、どこまで受け入れてくれるのか試したりすることがあります。そのようなマイナスの体験的な学習連鎖は断ち切る必要があるので、「授業をすすめたいから悪いけど少しの間、返事しないよ。あとでゆっくり聴くね」などと伝える必要があります。少しは授業に関係あることを発言しているのですが、今は適切ではない場合は「あとで活躍してもらうからまってて」と、受け止めているが修正して欲しい言動があることを伝えます。そして休み時間に十分関わり、適切な行動に注目して褒めるようにします。

簡単に言うと「怖いけど好きな先生」という表現が合っているように思います。子ども達は、その時々によって自分を成長させてくれる大人を知っています。怒鳴るよりも承認や共感により、行動を振り返ったり解決策を考えたりすることが大切です。一歩引いて自分を顧みたり、問題を解決するにはどうしたら良いか考えたりすることが苦手な生徒たちだからです。

承認や共感がないと「分かってもらうこと」にエネルギーを注ぎ、なかなか前へすすめません。自分をコントロールし、解決策を考える力を養うことが、このような生徒たちの生きる力につながります。

落ち着きがない、すぐに暴力をふるう
集団での活動ができにくい等の子どもへの接し方のポイント

自分が余裕をもつ！

このような子どもとかかわるには、まず忍耐力が必要です。自分自身の心の余裕に留意し、無理しないかかわり、かっとしないかかわりができる自分をつくりましょう。

むりやりにでも良いところを見つけて賞賛！

良いところを見つけてその部分とかかわりをもつようにしましょう。「こういうことをしていると先生は喜ぶんだ」というところに注目してのばしていきましょう。逆に言うと、悪い部分にはなるべく注目しない（と言ってもせざるを得ないことも多いのですが･･･）ようにしたいものです。

普通のことをしているのをあたりまえととらない！

みんなと同じようなことをしているのは、その子にとってはがんばっている状態かも。そんな場面を逃さずに賞賛を！当たり前のことをしている状態が、その子にとっては良いところなのです。

注意･叱責によるかかわりは人間関係をくずし、注意をきかなくなる可能性あり！

注意しなければならない場面は多いのですが、そのかかわりだけでは、「この先生は注意をする人」というマイナスのかかわり方の認識が学習されます。注意や叱責は必要ですが、最低限にし、しなくても良い状態をつくることに力を尽くしましょう。つまり、良いことをしている状態（普通に見えることかもしれませんが）を見逃さず賞賛することです。

興味のあるものをとおして人間関係をつくる

好きな遊びを一緒にするなど、好きなものをとおしてのかかわりなら関係づくりがしやすいですね。こちらから、その子の世界に入っていく努力が必要です。

支援員に配布したプリント

偉そうにいろいろ言いましたが、実はそんなに簡単ではありません。担任の先生は現場の最前線でがんばっています。自分のキャラクターを大事にしつつ、メリハリをつけながらも子どもたちの波長に合わせ、生徒たちが体験的に学び合うプロセスを大切にする中で信頼関係を築いていこうとしています。

私が中学校の普通学級の担任をしている時には、「今日は褒めることが多かったな」とか「今日は怒りすぎたな」とか「気がゆるみかけてるな」等々、毎日が反省の日々でした。日々生徒たちとのコミュニケーションの連続ですから、良いところ、悪いところのバランスに留意する必要があります。朝から悪いところをクラスに投げかけると、スタートからつまずく感じなので、帰り際にする等、一日の中でのバランスにも配慮が必要です。

いずれにしても信頼している人の話は心に届きます。必要な情報を切り分けて順序立てる、繰り返して定着させる、視覚的な提示を行う、動くきっかけを提示する、目立つ生徒ばかりに声をかけない、職員室で「良いところ」を話題にする等々、技術的なことは必要だし有効ですが、最後は人間性ということになるように思えます。やはり「教育は人なり」です。

教室は利害関係がぶつかり合う場ではなく、学びを深め、つながり合う場、ホッとする場でなければなりません。職員室だって同じです。全てに「がんばる」ことが優先されると「がんばって学びを深め」「がんばってつながり合い」「がんばってホッと」しなければならなくなります。担任の先生自身が楽しいかどうかが評価の目安だと思います。全てを演出するのは管理職であり、最前線でがんばっている先生方を孤軍奮闘させないように管理職は気を配るのが役目です。管理職にこそコーディネーターの資質が必要なのです。

中学校で普通学級を担任していた頃、授業に出ない様々な生徒たちと関わりました。三階から牛乳瓶や給食を降らせる生徒、職員室の机の上を走り回る生徒、花火をする生徒、タバコや非常ベルは日常茶飯事です。自転車で廊下を走る生徒、改造バイクを校内で組み立てているところに警察が来て乱闘になったことや、「体育館が燃えている」と夜中に連絡があり現場検証が行われたこともありました。授業している先生が集団暴行に遭い、血まみれになっているのを助けたこともあります。生徒たちが校長室に乱入して抗議しようとしたら中から鍵をかけた校長もいました。放課後、その校長の車のフロントガラスには傘が突き刺さっていました。保健室には鍵がかけられ、養護教諭はいつも職員室にいました。

本当にいろいろなことがありましたが、それらの生徒たちには個々の事情があります。だからといって何をしても良いということにはなりませんが、なぜ学ぼうとしないのかということを突き詰めて考えると、彼ら彼女等を取り巻く社会に大きな原因があるとしか思えないのです。毎日の夕食をコンビニで買い、駐車場で食べているのです。

学びたい、成長したい、幸せになりたいという気持ちはあるはずです。自暴自棄にならざるを得ない状況とは何なのか、希望をもって生きるとはどういうことなのか、大人が自分と向かい合い行動するしかありません。死なずに何とかやっていくこと、そんな当たり前のことをしっかりと確認する必要があるのです。

義務教育最後の中学校。そこが最後の学びの場になる生徒たちがいます。「良い中学校生活だった」という思いが大人になった自分を支える柱の一つになることを願わずにはいられません。

中学校は学級経営、生徒指導、学習指導、部活動が大きな割合を占めます。そんな中で特別支援教育についての研修会でお話をする機会がありました。コーディネーターの若い養護教諭はがんばっていますが、今一つ、先生方に届いていない感じです。個別の指導計画の作成と活用、などと言っても、目の前の現実に追われ「そんなことしている時間はない」といった雰囲気なのです。校長もリーダーシップに欠け、特別支援教育を推進しなければならないことになっているからやっている、という方です。何だか学校の中でコーディネーターが孤軍奮闘しているようで可哀想になりました。市の教育委員会に報告しましたが、特に動きはありませんでした。

このような職員間のデリケートな問題は取り上げにくい面があります。学校の雰囲気は大切です。温かい雰囲気、何でも言い合える雰囲気、それでいて共通の理念を幅広く共有できる雰囲気。それらをつくるのは校長の力量にかかっています。

高等学校について思うこと

ある発達障がいの方が、高校時代を振り返って書いています。

「私は人づきあいが苦手です。他の人なら場の空気を読んで行動するとか、言葉の裏に隠れた意味を読み取ることができるのでしょうが、私はそのどちらも苦手です。また、自分で自分の精神を安定させるのが苦手です。たいしたことではないのに大事にとらえてパニックに陥ったり、他の人ならぐっとこらえて我慢できることができなかったりします。高校生活に限らず、社会で生きていくということは、常に人づきあいと我慢の連続です。人づきあいが苦手で、他の人が我慢できることが我慢できない私には、落ち着ける場所（私の場合は保健室）と頼れる大人（私の場合は保健室の先生など）、励ましてくれる友人、自分を表現できる場所（私の場合はクラブ活動）が必要でした」

（ミナミアイコ「社会人になった今、高校生活を思う」『障害者問題研究』V０１．36）

高校になると、知り合いの友達というのはほとんどいない状態で学校生活が始まります。地元でつながることができるのは中学校までです。中三の進路決定の在り方をよく吟味する必要があります。保護者が普通高校を希望するからというのではなく、本当に自分が行きたくてその高校を選ぶことが大切です。そのためには、予め進学先の高校の情報を集めておく必要があります。困った時には相談できるシステムがあるか、学校として特別支援教育の視点があるか、ということは快適な学校生活が送れるかどうかの大きな要因です。

高校は義務教育ではありませんから、中学校ほど手厚くありませんし、停学や退学といった措置もあります。みんな希望して来ているという前提がありますから、嫌なら辞めても良いということになります。一言で言うと厳しいのです。

入試を突破して来ているということは「普通」と「障がい」の狭間にいるような生徒が多く、療育手帳もなく福祉の恩恵も受けることができない上にみんなの中では困っているという場合が往々にしてあります。

ある高校でのケースです。中学校では普通学級に在籍していた高校二年生の男子です。発達障がいの疑いがあり、一年時から欠席が多かったのですが、担任の先生が本人に寄り添い何とか一年間を乗り切りました。二年になって担任が替わり困ることが増えました。教室で椅子を投げる、ガラスを割る等の行動が起きるようになりました。本人はアルバイトをしながらボクシングのジムに通っており、保護者は学校の対応に不満を抱いていました。欠席がちで「今日の授業は何があるかわからない」と言い、時間割を把握できず教科書を全てカバンに詰め込んで毎日持って来ます。ある日、何も持たずに登校したため、担任が「家に帰って（授業に必要なものを）持ってきなさい」と本人に強く指示したところ、下校しましたが学校に戻っては来ませんでした。その後、学校で隠れる、逃げるといった行動が続きます。中間考査は二教科しか受けていません。

ある日、午後から登校してきたので担任は強く指導しましたが、理由を聞いても「○○駅へ行っても良いか」「ビルの中で寝ても良いか」等、会話になりません。友達と遊ぶために花火やライターを何度も学校へ持ち込み指導されることもありました。教員の指示は守れず遅刻が多い毎日です。

ある日、自分のプリントに書き手が特定できない落書きがありました。「死ね」と書かれていて本人は納得できない様子で、ぶつぶつ言っていました。そこへプリントを回収しにきた生徒が「うるせーんだよ」と言ったため、机を持ち上げてその生徒に投げつけるという事件が起きました。投げられた生徒はとっさに身をかわして無事でした。二分程度の出来事だったそうです。教師は教室にいましたが状況を把握していませんでした。

この件に関して担任は理由や経緯を本人に聞きましたが、ごまかしや嘘（と担任が思うこと）が多く話になりません。反省させるため、指導の中で担任は本人の前で机を振り上げて見せましたが効果はありません。母親は、「なぜ（そうなる前に本人を）止めてくれなかったのか」と担任を非難します。

このような状態で支援の依頼があった訳です。本人は明らかに困っています。日常会話がなかなかつながらず、独り言が多かったり、大きな声を出したりするため、周りの生徒は変に思っています。こだわりがあり、一つのことをしだすとそれが終わるまで他のことはできません。集中できることには一所懸命に取り組み、担任が「ストップしよう」と声をかけて無理に活動を切り替えさせることが多いのです。担任の言うことや、するべきことが分からないことが多のですが、そのことを教師は理解できていない状態です。しかし、ボクシングには打ち込めるし、アルバイト先ではうまくやれているのです。

担任をはじめ、学校ではこの生徒に授業を受けさせるのも限界で、他の生徒にも危害が及ぶと考えています。生徒指導をしても効果が上がらず、効き目がないので困っています。しかし担任をサポートするコーディネーターは積極的に動こうとせず、こちらから働きかけないと連絡はしてきません。

私は、学校や担任がすべきことは特性の理解と具体的な接し方の工夫、本人はソーシャルスキル（社会的な振る舞い方）を学ぶ必要があると思いました。

何とか校内研修を開いてもらい支援の方向性を確認しました。

・本人が困っていることがあること、それを伝えようとするがうまくは伝わらないこと
・衝動性や情緒の不安定さはあるが、必ずしも本人のみの問題ではないこと
・本人は何とかしようと思っているし、良いところに気づくこと（アルバイト、ボクシング、忘れ物をしないように全教科の荷物を持ち歩く等）
・見通しをもった指導（特別指導等、支援の方向性）

しかし、力説すればする程、先生方との温度差を感じるような徒労感に包まれました。そもそも、高校が支援を依頼したのは、生徒指導の問題として教育委員会の生徒指導課でした。そこから特別支援教育課に回り、その後、私の所に依頼があったのです。学校全体に特別支援教育の対象として本生徒を観る視点が元々欠けている様に思えました。本人を変えるという姿勢だけではなく、入学した以上、様々な困難や配慮を必要とする生徒であっても、放り出すことなく教師の在り方や関わり方、学校の内規や習慣を変えるなどの取り組みを行う気があるのかということです。そこのところが欠けているように思えたので、二回目のケース会には教育委員会指導主事にも同席してもらい、状況の整理や支援の方向性について確認しました。

保護者の学校に対する不満は根強く、保護者と懇談をすることになりました。こういう場合、保護者が学校批判をし、外部から支援で来ているコーディネーターも一緒になって学校批判をするという構図は避けなければなりません。従って保護者と二人での話は避け、学校関係者も同席の上での懇談をお願いしています。

ところが驚くべきことに、この時は指定された夕方六時頃に高校に行くと、担任が急用でいない上にコーディネーターもいませんし、その連絡もないのです。校長室に通されましたが、校長も「申し訳ありませんが、これで失礼します」と言って帰ってしまうではありませんか。私は目を疑いました。その直後に保護者が来校され、校長室には私と保護者の二人が座っているという状態になりました。こんなことがあっていいのか、と信じられない思いでした。学校の考え方や体制自体が全くなっていないのでした。校長やコーディネーターの資質を疑わざるを得ない状況でした。教育委員会にも逐次報告していましたが、校内での本人理解はすすみませんでした。

暫くしてこちらから連絡した時には退学していました。多分、本人に対する先生方の理解は「またお前か」「だめだなあ」「だから言っただろ」「何回言えば分かるの」「やる気あるのか」「人のことも考えろ」「だらしない」「きちんとしなさい」という意識から脱却できなかったのだと思います。私は自分の無力さを痛感し、先生方と共同して少しでも良い方向を見いだせなかったことを反省しました。もう少し何とかなったのではないかと後悔しましたが後の祭りです。「もっと早く連絡していたら何とかなったかもしれない」。そう思うと、いてもたってもいられない思いでした。

その年、私は担任をしながらの外部支援だったので余裕がなかったのかもしれませんが、それは言い訳に過ぎません。しかし、心の余裕は本当に大切だと思います。人の考え方を変えるのはたやすいことではないことを思い知らされたケースでした。

外部の支援者にできることは、困っている状況を見立てること。見立てが正確であればあるほど解決への道筋も正確になります。それは、問題行動として表れている原因や背景をつかむこととも言えます。これは容易なことではありません。そして、リソースに気づき、なめらかに人をつなぐこと。せっかく校内に解決できる要素があるのに使われていないということがよくあります。何よりも大切なのは、現場の立場や考えを大切にすることです。先生方は真剣に取り組んでいるはずです。上記の高校は巡回相談員に何を期待していたのか、私が把握できていなかったのだと思います。状況の見立てが十分ではなかったために、解決への道筋を示せなかったのだと思います。

サポートには以下の四つがあるとされています。

- 情緒的サポート：声をかける、励ます、なぐさめる、見守るなど
- 情報的サポート：情報を提供、アドバイス、示唆など
- 評価的サポート：評価（肯定、意見、基準との比較など）をフィードバッグする
- 道具的サポート：物品、労力、時間、環境調整による助力など

（石隈利紀・田村節子『チーム援助入門』図書文化）

どんなサポートができるのか分からない時には、サポートの種類から考えてみることもあります。

高校の特別支援教育の充実が叫ばれています。カリキュラムを工夫したり、高校の先生が小学校の授業方法を学びに行ったり、各教科の担任が「ん？」と思ったことを共有してコーディネーターが集約したりしている高校もあります。高校での特別支援教育は、これから更に進んでいくのでしょう。

ある定時制の高校を訪れた時のことです。夕暮れの駐車場には生徒たちの自動車やバイクが止まっていました。教室では授業が行われています。保健の授業ではデートＤＶについて、国語は働くことについて、理科はカブトムシとノコギリクワガタ等々、興味を惹きそうな内容の授業が行われていました。髪を染め、イヤホンで音楽を聴いたりスマホに夢中になっている生徒もいます。一、二年生に比べて四年生は退学する生徒がいるため数が少ないとのことでした。

先生方は空き時間も他の先生の授業を参観しています。授業内容は工夫されており、何をどう学べば良いのかはっきり分かるようになっています。生徒たちのモチベーションを下げない工夫が随所になされているように思われました。分からなかったり、面白くなかったりすれば聞こうとはしない生徒たちが多い中で、本当に学びたいことを吟味して、そこに教師の教えたいことをかぶせていくように授業が仕組まれているのでした。

夜九時に授業が終わり、生徒たちが帰って行きます。駐車場で待っていたシャコタンの車に乗り込む女子生徒もいます。彼氏は授業が終わるのを待っていたのです。授業に出ずにデートすることもできるのに学びに来るのです。真面目そうには見えない生徒が多いのですが、外見とは裏腹に学ぶ心に溢れていることに心打たれました。

保健室にも電気がついていますが、居るのは養護の先生だけです。教室に入ることができにくいから保健室にいるという生徒はいません。この学校には学びの根本にある学ぼうとする心があるのだと思いました。

進路選択・卒業後を考える

医師の診断は出ていないが何となく変わっている、というグレーゾーンの方がいます。その一方、「障がい」はあるのだけれど手帳の取得はできない、いわゆる狭間の生徒がいます。中三生徒の進路選択は、普通の高校、高等支援学校、特別支援学校の高等部、技術訓練校、就労など様々です。その時に「障がい者」枠であるためには手帳の所持や医師の診断が必要になります。つまり「障がい者」であることの証明が必要になるということですが、医師の診断により「障がい」はあるのだけれど、療育手帳の取得は難しいという生徒は様々な恩恵を受けることができにくい状態にあります。

全ての都道府県がそうとは限りませんが、ある県では、療育手帳や身体障害者手帳がなければ特別支援学校高等部や高等支援学校、技術訓練校の障がい者枠の受験資格が得られません。医師の診断があれば「検討」して受験資格が得られる場合もありますが、障がい者用の学校や施設を用意していながら、どこかで線引きをしなければならないため、漏れた狭間の生徒たちは困ってしまいます。障がいがあるのに「障がい者」が受けることのできる恩恵を受けられないという生徒がいるのです。

そういう生徒が普通高校に進学するケースがあります。高校一年の教科書が渡されますが分からず授業についていけない上、友達との関係も築くことができにくく学校での居場所がつくれないということが起こります。手帳の取得ができない狭間の生徒は様々なシステムの「障がい者」枠に入れないため、働くか普通高校等に行くしかありません。だから高校の特別支援教育の充実が急務なのも納得がいきます。

前述の通り、高校の中には特別支援教育に理解の薄い学校もあります。狭間の生徒が高校に進学して問題を起こし、「こんな生徒を来させてもらっては困る」と出身中学校に電話してきた高校もあります。入学を許可したにも関わらず、このような高校もあるのです。

「障害者差別解消法」がありますが、「障がい者」を差別してはいけないのであって「障がい者」と認定されない狭間にいる者はこの法律の対象にはならないのです。

各都道府県に設置されている発達障がい者支援センターの相談件数は十七歳以上が圧倒的に多いとされます。何とかがんばって中学校を卒業して高校に行ったものの、どうしようもなくなって相談に来るということです。「発達障害者支援法」ができたのに、発達障害者手帳がないのはおかしいのではないでしょうか？　知的な遅れのない発達障がい等の方々は、精神障害者保健福祉手帳を何とか取得するしかないのが現状です。

また、職場や高校をドロップアウトした生徒がもう一度再教育を受けることができるような施設が学校内にあれば良いと思います。ある県には、普通科高校に補習科が残っており、大学受験に失敗した生徒が予備校のように利用できる施設が校内に設置されています。こういう施設を進学のためではなくて、ドロップアウトした生徒の再教育の場として普通高校や高等支援学校、特別支援学校内に設置すれば良いと思うのです。高等部などを卒業後、校内で就労移行のような訓練を行う機関があると良いなあと思います。しかし、もっとインクルーシブな社会を考えれば、高等教育機関あるいは就労の場でドロップアウトする人は「障がい」の有無に関係なくいますから、やはり「障がい」のある人だけ対象にする支援校の中にではなく、生涯学習の場や職業開発の場で、「障がい」者も使えるコースを導入していくのが理想的だと思います。

企業が就労移行の事業を展開している会社がありますが、文部科学省をはじめ特別支援教育行政は、軽度の生徒やグレーゾーンの生徒の進路や卒業後についてもっと具体的な施策を行う必要があると思います。各都道府県によって療育手帳を出す基準が異なっていること自体おかしな話です。ある県では「障がい者」とはならずに福祉の恩恵が受けられない人が、別の県では「障がい者」となり福祉の恩恵を受けることができる、ということがあるのです。逆に言うと、その県にいるために手帳を取得できず福祉の恩恵が受けられない人がいるのです。実務のために線引きはどこかで必要なのでしょうが、その線をどこで引くのかということが、理念や予算によって左右されることに問題があるのです。障がい者基礎年金は障がいの程度によって給付金が決まりますが、「障がい」の程度が軽いと判断されれば対象から外されます。この国にはお金で解決できることがたくさんありますが、保釈金を払えば釈放されるのと同じで、「それとこれとは別ではないのか」というおかしなことがまかり通っています。触法行為を犯した（かもしれない）という事項を、どうしてお金で買うことができるのでしょうか？　資本家や政治家等に都合の良い様に社会がつくられているからです。

高等部に在籍するある女子は、中学校では素行不良で授業には出ず徘徊をくり返していました。家庭が安定せず、祖母からは支援学校に通っていることが恥ずかしいと言われ、やり場のない怒りを抱えていました。

高等部に来てからは心を開き、仲間にも恵まれ学校生活は楽しそうでしたが、たまに家庭でトラブルがあると机や椅子を蹴り倒して荒れることもあります。

「あのババア、ほんとウザイ！」

支援学校の高等部に来て良かったと思っている彼女にとって、支援学校のことを悪く言う祖母が許せない気持ちは分かります。支援学校という名前ではなく高校という名称であれば良かったのでしょうか？　以前、「養護学校（当時）に行くよりは中学校卒業の方が世間的にマシ」と言った保護者のことを思い出しました。「障がい」「特別支援学校」等に対する世間の評価は少しずつ変わってきているとは言うものの、まだ差別は根強く残っています。この差別の根源は、「違い」を理由に分けていることです。特別支援学校・学級の存在自体が人々の差別意識を生み出し、高く強固な心の壁をつくるのです。イタリアでは一九七七年に特別学校や特別学級は廃止され、イギリスでも九七年からインクルーシブ教育を目指すようになりました。かつてハンセン病患者に対する不必要な隔離政策が必要以上にハンセン病に対する恐怖と偏見を煽ったように、一緒に育ち、学ばなければ、どんなに障がい理解教育をしても、差別解消法があっても、「障がい」に対する偏見・差別はなくなりません。社会の中には「障がい」のある人も病む人も外国人も、違いのある人が雑多にいて、それゆえトラブルやいじめ、差別などの問題が起きることもありますが、その対象となる人たちを隔離していては互いの偏見や恐怖が増強されるだけです。共にいる中からしか互いに学び合い、理解を深めることはできないと思います。障害者差別解消法の実効のためには、まずは一緒にいることです。映画『みんなの学校』(二〇一五年公開)のように障害のある子もない子も共に学ぶ教育をすすめてきた学校や自治体もあります。しかし、文部科学省は分離教育を廃止して合理的配慮を充実するという方向には向かっていません。障害者差別解消法の施行により、今後どういう方向に進むのでしょうか？　この法律は拘束力や罰則規定がないため、効力の薄いものとなっています。

療育手帳を持ってはいるが、友達の前では恥ずかしくて使えないという高等部の生徒もいます。「特別支援学校や特別支援学級＝障がい＝普通と違う＝差別の対象」という構図の中で疲れ切っている生徒がいるのです。

障がいのある生徒の進路はそれ程多くありません。特別支援学校高等部生徒の進路は企業への就労か施設がほとんどです。施設には就労移行支援、就労継続支援A・B、生活介護の他、通所や入所等があります。Aとは労働基準法の最低賃金が保障され契約という形になります。一方、Bは最低賃金が保障されないため、その経営母体の定める金額が工賃として支払われます。

高等部では進路に向けて実習があります。校内での実習の他、企業や施設での校外の実習です。基本的に二年生では集団の実習で教員が付き添います。三年生になると進路先として選択した場所での前提実習になります。生徒は一人で実習を行い、教員は巡回指導で見守ります。

私が体験した三週間の付き添い実習でのことをお話しします。実習先は、就労移行と就労継続B、生活介護のある通所の施設でした。一日中ずっと施設にいる生活は新鮮でそこには中学部の時に担任していたTさんがおり、いろいろ考えることができました。

朝礼はみんなで行います。三十名ほどの利用者が座っています。気持ちがしんどくなると立ち歩く方もいます。年齢層は様々で私より年上の方もいます。ひたすら独り言を言っている方、私をジッとみている方、話しかけてくる方等々、本当に様々な方がいますが、共通しているのは「飾らない」ということです。

私よりも年上のある男性は、休み時間になると「中一社会」という問題集を私の所に持ってきます。「買った」と言いますが言葉は良く聞き取れません。問題集を開いて穴埋め問題の答えを求めてきます。海対陸の割合のカッコの片方に「インド」と書いてあります。私に鉛筆を渡すので「書くんですか?」と聞くと首を縦にふります。「インド」を消し7：3と書き、私は一番後ろの解答を見せました。「ここに答えが出ていますよ」と言うと、その方は解答を食い入るように見ていました。

次の日、鉛筆で「おはようございます。今日も一日がんばっていこう」と書いたノートを見せてくれました。私は「おはようございます。いつも声をかけてくださりありがとうございます。今日も一日がんばりましょう！」と書きました。その方はニコッと笑いました。

それからその方は「おあよう」と「おつがれさん」とよく分からない言葉ですが毎日言ってくれる

ようになりました。実習の最終日にはカレンダーを破った綺麗な紅葉の写真と次の月の献立表、それに手紙をいただきました。「成沢先生、実習ありがとうなあ。おつかれさまです。楽しくてありがとう。ぬくい日本酒をのんではやくねましょう。また会いたいです」と書かれたゆうちょ銀行のくしゃくしゃの封筒に入れられた手紙を私は大切にしています。

そうかと思うと一人で座ってジッとしている方、「お名前は成沢さん？」と名札を何度も確認に来る方、「ああ、実習生の先生か」と納得する方、皆さん自分を飾らずに表現されているのです。そのことが「お前は、ここにいて良いよ」と言われているようで私を安心させるのでした。学校でも春休みや夏休みなど児童生徒のいない時には息詰まる感じでしたが、子どもたちが来ると安らげるのと同じ感覚でした。

利用者はシンプルな衣服を身につけている方が多いように思います。どこのメーカーか分からないジャージに中学生が履く真っ白な運動靴を四十代の男性が履いています。悪く言えば「ダサイ」のですが、良く考えるとズボンも靴も履ければ良いのです。本質的なのです。私たちは「人からみられてどう思われるか」ということを気にして身につける物を選んでいます。楽しみとしては良いのですが、物の本質からすると外れています。だから「ダサイ」と感じる私は、本質から外れた感覚の中にいるのだと思いました。本質的な感覚の中にいる方々が羨ましく感じられました。そういう方々が私は好きです。

利用者の方がバスに乗って一時間三〇分くらいの所にある公園に行き、昼食を食べたり映画を観に行ったりするイベントが月に一回あります。「校外学習みたいなものですか？」と私が職員の方に聞くと「いえ、学習とかじゃなくて……」と口ごもりました。楽しむだけのイベントだったのだと思います。施設長とも話しましたが「学校は厳しすぎる」とおっしゃっていました。

先生は何かを教えなければならないと思っています。活動の一つ一つに意味がなければならず、カリキュラムに沿って教育が行われることになっています。「特に意味はない」というようなことは許されない風潮があります。そこに教育の傲慢さをみるように思います。私をはじめ「特に意味はない」接し方をしている教員はたくさんいるように思いますが、それを言ってはいけないところに問題があります。

ある利用者がバスに乗ろうとしていた時のことです。ステップに足をかけたまま止まってしまい乗ることができません。そこには二人の職員がいましたが、ジッと見守っています。見ている私がイライラする程の時間が経っていますが、手を出そうとはしません。やがてその利用者は一歩を踏み出すことができました。バスに乗り込んで椅子に座る時にまた固まり、そこでも暫く時間を費やしました。手を出すことなく最後まで自力で乗り込むことを期待した職員と、それに応えた利用者の関係は何て素敵なんだろうと思いました。

後でその職員と話をすると「あの方は、ああいう時に声を掛けるとよけいに固まってしまうんですよ」と言われました。経験から一番良いと思われる接し方をしている点は教員と同じなんだと思いました。

我々が自分自身で良いと思ってやっていることは、経験から学んだことがたくさんあります。しかし、学ぶ土台が過剰な文化的呪縛の上に成り立っており、その縛りから抜け出すことができないでいます。私は、呪縛のない利用者の方々に癒やされました。

そんな中に私が以前、中学部で担任したTさんがいました。施設での生活を見ていると、根本は中学部の時と同じでしたが、「学校だったらこの場面では叱られるだろうな」とか、「この場面では無理させてでも参加させるだろうな」とか思うことが度々ありました。しかし、その施設では叱るようなことはしないのに時間になると作業場に行くのです。

人は学ぶことができることしか学びません。学ぶことができることとは、学ぶ気持ちがあることです。学びたいことだけが血となり肉となります。Tさんに学校で教えようとしていたことは、本人が学びたいことではなく、先生が教えたいことだったことに気付きました。

Tさんの作業はリサイクルです。ゴム手袋をはめてゴミの分別をする姿を見ているうちに、私もやらずにはいられない気持ちになりました。コンビニやパチンコ屋やスーパー等から集まったゴミ袋を開けて、缶やビン、ペットボトル等に分別するのです。

袋にはコーヒーやジュースなど様々な残り物がこぼれてべっとりしています。弁当の空き箱やティッシュ、紙やプラスチックの容器に入ったコーヒー、プリンやゼリーの容器、ビニール袋等々。それらが洗われることもなく、ゴミ箱に捨てられたままの形でやってきます。鼻をつく強烈な臭い、取り出した缶をアルミとスチールに分別してカゴに入れるカンカンカンという音、飛び散る残り汁、それらを一緒くたにしてTさんと私は向き合って作業をしました。同じようなラベルのブラックコーヒーもメーカーによってアルミもあればスチールもあります。

「これは?」

私はツナ缶を見せて聞きました。

「それはこっちでフタはこっち」

Tさんが教えてくれます。コーヒー缶と同じく、似たようなツナ缶でもメーカーによってアルミとスチールがあり、さらに本体はスチールですがフタはアルミというのもあります。ややこしいのです。一つの袋が終わりに近づくと、底の方には形容しがたい濁った残りの汁がたまっています。汚物は人間の無頓着の醜さを表しているように思えました。それを分別しリサイクル可能な材料にするまでの最も過酷な作業をTさんは行っているのでした。

袋の中にはさらに買い物袋でくるまれたゴミがあります。開けると中には弁当ガラや残飯、コーヒー缶、ティッシュ、お菓子の袋が入っています。

私は残り汁が服やズボン、靴に飛び散らないように気を付けている自分に気付きました。Tさんを見るとコーヒー色の汁がズボンや服、靴にこれでもかという程付着していました。肩にはハエがとまっています。

「これ、大変な仕事だなあ」

私は思わず口に出してしまいました。

「夏はもっと大変」

Tさんの言葉に続いて職員が言います。

「夏も外で作業しますからね、蒸し風呂の中にいるようでもっと過酷ですよ」

先程から私の周りを飛んでいる何匹ものハエを追い払いながら、私は言葉を失っていました。「そうだ、今は良い季節だからこれぐらいですんでいるんだ、これが夏だったら……」そう思うとその場所で働いている皆さんの姿が神々しく見えました。

一次ゴミの次は、分別されたペットボトルのラベルをはがしてフタを外す作業です。フタを外してポリバケツの中に入れ、ペットボトル内の残りの汁を別のバケツに入れて空にしてからカゴに入れます。見栄え良く貼られた薄っぺらで煌びやかなラベルがはがされたペットボトルは、まるで透明人間の様に感じられます。その中から出てくる腐ってすえた臭いの汁がバケツに貯まると「よいしょ」と立ち上がり流しに捨てに行きます。

日常、私たちの目に触れるこれらの物は美しく飾られ、見栄え良く仕立てられています。テレビでは俳優が美味しそうに缶コーヒーを飲みます。しかし、飲んだ後、洗うこともなく、分別することもなく無造作にゴミ箱に捨てる人間、それを許す社会。その一方でゴミの中から薄いビニール手袋一つで不快な腐った残り汁を浴びながら一つずつ取り出し分別するTさん。

美しさや美味しさの対極にあるものに目を伏せて、良いところばかりを欲しがるのはおかしいのではないか、自分たちの出した汚物の行く末はどういうことになっているのか知る義務があります。私はそれからテレビでどんな俳優がコーヒーやジュースの宣伝をしていても「フンッ！」とうそぶきたくなりました。

その時、「成沢先生、これ、ご存じですか？」とある職員の方が声を掛けてきました。

「何ですか？　これ」

見るとビール缶の端に見たことのない小さなロゴマークがありました。

「リサイクルしている工場のマークなんですよ」

「へえ」

そう言われて見ると、いろいろな缶ビールにそのロゴマークが付けられています。中には違うロゴもありました。

「これは？」

「ああ、それは、違うリサイクル工場のロゴです」

「フーン、そうなんだ」

「ペットボトルにも、ほら、リサイクルマークの中に数字があるでしょ」

「ほんとだ」

確かに、3とか4とか数字が書いてあります。

「これ何だと思います？」

「えっ何だろう？　何なんです？」

「ペットボトルの材質によって数字が違うんですよ」

「へえ、そうなんだ、知らなかった！」

私は、自分の無知をさらけ出して驚きました。SPI樹脂コードとしてアルファベットや1〜7の番号により材質を表示しています。

1　ポリエチレンテレフタレート（ペットボトル等）：PETE（PET）

2　高密度ポリエチレン（ロープ等）：HDPE（PE-HD）

3　ポリ塩化ビニール（卵パック等）：V(PVC)

4　低密度ポリエチレン（透明袋等）：LDPE（PE-LD）

5　ポリプロピレン（プリンカップ等）：PP

6　ポリスチレン（トレー等）：PS

7　その他のプラスチック：OTHER（O）

私は、リサイクルの作業が次第に楽しくなって来ました。そしてTさんと一緒に分別していることに喜びを感じていました。夏にもう一度、必ずここに来て分別しようと思わずにはいられませんでした。

何かに打ち込んで一生懸命活動している時は、大人も子どももみんな楽しいものです。そして「ありがとう」と言われると嬉しいのです。誰かの役に立てている実感は生きる力、働く力になります。

ある事業所の経営者が言いました。「職場は失敗してもらったら困る。できるだけ量もこなして欲しい。そのためにはできる仕事を与えることが第一です。自信のもてない仕事をさせてもよい仕事はできない。指示、干渉して仕事ができるようになることはない。失敗しないで丁寧に早くしようとする気持ちが大切です。学校では技術的なことよりも自分からやろうという気持ちを育ててもらいたいのです」

やらされる活動ではなく、自分でやろうと思ってする活動をいかに用意できるかが問われているのです。自分から学ぶことが大切なのです。「できないことをできるようにする」ことが必要な時期もありますが、高等部になると「できていることをより確実にできるようにする」ことの方が重要のように思います。そうでなければ社会で実際には使えないからです。働くということは、指示や援助を受けてする活動ではありません。自分一人でできる、自主的にできることが大切です。そういう力は、どういう教育活動の中から、どれくらい生まれてくるのでしょうか。

働く力の基本は生活する力です。自主的・主体的に行動できるとは、自分のことは自分でしたり、できなければ自分から援助を求めたりすることです。その結果、働くことに喜びを感じることができるのだと思います。でき映えも大切ですが、どういう気持ちでその作業に取り組んでいるかが大切なのです。Tさんと一緒にゴミの分別をしているうちに、私自身が作業を楽しんでいたように、作業する時のプロセスや意欲のもち方が大切だということです。学習活動も同じでしょう。そして、余暇を楽しむことができることも大切なことです。何が余暇なのか、その人にしか分かりませんが、自分が主体となって自主的に行動するから楽しむことができます。楽しみとは自主性の中にあります。

また、休憩時間に職場の人と上手くやっていけない、コミュニケーションがとれずに辞めていった例もあります。コミュニケーションの難しさは言うまでもありませんが、「障がい」のある方にとってはさらに難しいのです。そのことを周囲は理解しておく必要があります。

学校は「がんばる」とか「まとまる」ことに力を入れますが、社会で必要とされることとは少しずれているように思います。経済優先の日本社会で必要とされていることを学校教育で行うことが必ずしも良いとは思いません。給料やステイタスがモチベーションになるのは仕方ありませんが、ゴミの山からアルミ缶とスチール缶、ペットボトルを腐った汁にまみれながら分別した結果、業者によって違いはありますがアルミ缶一キロが六〇円、ペットボトル一キロが六円などという金額に納得がいかないのです。高額所得の資本家がいる一方で、弱い立場の者はどうして汚い仕事をしたあげくに給料も少なくステイタスも低いのか、今の日本は本当に仕事に貴賤なしと言えるのでしょうか。こんなことを考えること自体、私が見た目や体裁を気にする世界観の中に生きているからでしょう。Tさんは、リサイクルの仕事中も終わってからも、そのようなことは一切口にしませんでした。

実習の期間中は「良い一日だったなあ」と思って一日を終えていました。嫌なことが一つもない一日が毎日続いたように思いました。その要素は大きく分けて三つあるように思います。一つは利用者の方とのふれあい、もう一つは、自分にできることをしていること、最後に身体を使っていることです。逆に言うと、日頃の仕事は自分の能力以上のことを何とかやっているのではないかと思えて来ました。進路選択や卒業後の生活からは学ぶことがたくさんあります。

企業が特例子会社という障がい者雇用のための会社を設立している場合があります。その特例子会社が設置している就労継続A型に実習で行かせていただいたことがあります。ここは企業就労を目指しており、挨拶や返事等、何事もきちんとしています。私は気を引き締めて実習に臨みました。

担当の職員の方が丁寧に説明してくれます。作業場に入る前には衣服の汚れや埃をコロコロで落とし、頭には衛生帽子をかぶります。DM（ダイレクトメール）に入れるチラシやハガキなど七種類を並べ、順番に取って箱の中に入れます。紙によっては重なり易く二枚取らないように気をつけなければいけません。一〇〇枚セットになっているので、一枚ずつ確実に取れば全てなくなるようになっています。

私の前には、ここ数カ月で間違いが一度もないという利用者の方が作業をされていました。その方を見ながら作業をしていると、途中、紙が一枚落ちたので拾って元に戻しました。最後の方になって、あるチラシが足りないことに気づきました。二枚重ねて取らないように気をつけていたチラシではなく、別のチラシでした。

「申し訳ありません、数が足りないチラシが出てしまいました。重ねて取ったのだと思います」

「ああ、良いですよ。確認しますから」

そう言うと、担当の職員は、箱を猛烈なスピードで確認し始めました。百枚近いセットがあっという間に確認されました。

「ありました」

二枚入っていた内の一枚を出して元に戻してくれました。

「ありがとうございます。申し訳ありませんでした」

「なかなか大変でしょう」

「そうですね」

私が恐縮していると、その職員は急に血相を変えて前にいる利用者の所に行きました。

「今、君、落としたよね？」

「はい」

「どうして報告しなかったの？」

「……」

「失敗は仕方ないけど、報告しないといけないよ」

「……」

「どうなの？」

「……」

「出荷するまでは責任があるんだよ。分かってる？」

「……」

「やる気あるの？」

「……」

「ないんだったら辞めてもらっても良いんだよ」

「やります」

「だったら、責任もってやってよ」

「はい」

私は、この光景を見て背筋が伸びました。その利用者はチラシを落として元に戻しただけなのです。先程、私も同じことをしました。まるで自分が怒られているように思いました。「出荷責任」という言葉が耳に残りました。責任をもってやらなければいけない、という自覚をもたせる指導をしているのです。


一日を終えて担当の方や取締役の方とお話をしました。労働と対価にお金を得るというベースがある生活、働くという意味を考えさせられた一日でした。私は何と引き替えに給料をもらっているんだろうと改めて考えさせられました。

この取締役の方は、障がい者と社会との橋渡しをしたいという想いがあり、将来的には障がいのある方が通う塾経営を考えられているとのことでした。施設内にはそのようなスペースも準備されており、すごい方だなあと思いました。

障がい者雇用率は見直しがすすみ、二〇一八年には民間企業で二・〇%から二・二%に、国や地方公共団体は二・三%から二・五%に、都道府県等の教育委員会は二・二%から二・四%に引き上げられ、二〇二一年には更に〇・一%引き上げられますが、この会社の社長は四・〇%を目指していると言います。やはりここでも上に立つ者の意識の高さが組織の在り方を規定しているのでした。二〇一八年に発覚した各省庁や裁判所での雇用率不正報告には言葉を失いました。

二〇一七年に倉敷市のA型事業所五カ所が閉鎖され利用者二二〇名が一斉解雇されました。A型事業所に入ってくるお金は、①利用者がおこなった生産活動により得られた収入、②市からの訓練給付金、③ハローワークからの特定求職者雇用開発助成金（特開金）の三種類です。これまで①②③全ての収入を使い利用者の給料にあてていたのですが、二〇一七年四月から厚生労働省は①の生産活動により入るお金を利用者の給料にあて、訓練給付金と特開金は事業所の収入となるよう明確にした経営をするよう明文化しました。これにより困った作業所は閉鎖に追い込まれました。簡単に言うと利用者の給料を支払うためには、利用者の生産物を売らないといけないのです。コンビニにA型事業所でつくったクッキーと森永や明治のクッキーが置かれていた場合、どちらがよく売れるかということです。企業の製品とのたたかいになるのです。もちろん、生産活動ばかりではなく、レンタル業などで手を動かさなくても仕事が入る仕組みをつくっている事業所もあります。利用者の能力開発も大切ですが、それよりも社会制度をこれらの弱い立場の人々に合わすべきなのです。制度とは常に進化するものであり、今ある制度はゴールではなくステップアップするという前提にあるものなのです。いつまで親が支えなければならないのでしょうか？　二十歳を超えたら社会が支えるべきなのです。

障がいがあるがゆえに理不尽な事件に巻き込まれるケースがあります。「卒業した後、社会に一人で放り出された場合、働いても長続きせず、かと言って年金を受け取ることもできず、結局することもなく町をうろつくことになる。……なかには犯罪に手を染め、刑務所送りになることもある」(中島隆信『障害者の経済学』東洋経済新報社)のです。

元厚生労働事務次官の村木厚子氏は、ご自身の体験から「共生社会を創る愛の基金」を設立されています。設立にあたって次の様に述べています。

「二〇〇九年、郵政不正事件で逮捕され、取り調べや勾留、そして裁判を経験しました。取り調べで自分の言い分をしっかり貫くこと、公判という場で自分の意見をきちんと述べることは想像以上に難しいことです。いったん、被害者、被告人という立場におかれた人が裁判で無罪を勝ちとることの難しさを実感しました。障がいを持たない私でもこんなに悪戦苦闘したことを思い返すと、知的な障がいのある人をはじめ、コミュニケーションに障がいがある人が、きちんとした取り調べや裁判を受けることができているのだろうか、そんなことが不安になりました。そうしたときに、障がいがあるためにきちんと言い分を言えない、障がいが理解されていないがゆえに、間違った受け止めをされる、そんなケースがたくさんある、そして、そういう問題の解決に取り組もうという動きが司法や福祉の関係者の協力で始まっていると聞かされました。障がいのある人は人口のおよそ五%と言われています。一方、刑務所の入所者の約二割は知的障がいがあるという調査結果があります。刑を終えたあとの居場所がみつけられず犯罪を繰り返す人も多いといいます。『障がい』という問題はまだまだ社会で理解されていません。それにもう一つ『触法』という要素が加わる分野は、本当に日の当たりにくい分野だと言えるでしょう。そこで、郵政不正事件に関する国家賠償請求で得たお金を、そういう人たちの支援をするための活動に使っていただこうと思い立ちました。障がいのある人が適正な取り調べを受け、公正な裁判を受けられる、罪を犯してしまった障がい者が社会に復帰し二度と罪を犯さずに済む、さらには、障がいゆえに犯罪を犯さざるを得ない状況に追い込まれる人がなくなる、そういう社会をみんなで創っていきたいと思います」

（「共生社会を創る愛の基金ご案内」より）

伝えたいことが上手く伝えられなかったり、捜査員に迎合し誘導されやすかったりするので、取り調べや裁判は不利です。そして、出所しても全体の七割が一年未満で再犯してしまうというのです。社会の中に自らの居場所がないのです。山本譲司氏はこう言います。「世の中はいま、『知的障害者であろうと精神障害者であろうと、罰を犯した奴は厳罰に処せ』という声が大きくなっているのではないだろうか。……それが社会防衛的発想、あるいは優生主義的発想に根ざしているのであれば、かつての『魔女裁判』のような危険性を感じざるを得なくなる。知的障害者に対して『得体の知れない人間は、得体の知れないことをやらかしてしまうのではないか』というような思いがあるとすれば、それは全くの見当違いである」（山本譲司『累犯障害者』新潮文庫）。

相模原で起きた事件のようなことが未来永劫起きないことを願います。そのために、知ること、考えることが大切だと思います。

簡単ではないと思いますが福祉の更なる充実を願います。不正に税金を使い、未来に借金してまで防衛費を増やすのなら、こういうところにもっと予算を使うべきです。

第五章　「関係性の中で生きていく」ということについて考える

子育てについて考える

いろいろありましたが、私は両親から可愛がられたと思います。そのことが大人になって生きていく覚悟を支えているように思います。「可愛がられた、大切にされた思い出」が生きる力の根源になっています。子どもを大切にする気持ち、可愛がるという気持ちは、子どもである私の心に届き、大切な何かを育ててくれました。親がいなければ生きていくことができなかった子どもが、自分で考え、困難に出会っても耐え、何とか問題を解決し、解決できなくても日々を過ごし、周囲の人たちを尊重しようとしながら何とか生きていくことができる。その根源に「可愛がられた、大切にされた思い出」があります。大人と子どもの関係性で最も大切なのがこのメッセージであり、関係性を支え、変える力があります。

親は子どもによって親になることができます。意識している訳ではありませんが、親になる覚悟を決めること、この子のために生きなくてはいけないことを心の深いところで確認することでもあります。

純粋で無垢な新生児は無防備です。その弱々しい存在が大人を目覚めさせ、親という存在に育て上げるのです。子どもと大人は相互に影響を与え関係性を築いていきますが、スタートは無垢で無防備な新生児の存在です。無防備とは相手を変える影響力をもつのです。

戦場になっている森の中で銃を持った一人の兵士と出会ったらどうするでしょうか？　お互いが銃を突きつけ合っている時、最悪の場合、二人とも死ぬ可能性があります。しかし、一人が死ぬ気で銃を捨てて殺すことを放棄したら、少なくとも、もう一人は必ず生き残ります。もしかしたら、相手が無防備であることを確認したもう一人の兵士も銃を捨てて二人とも助かるかもしれません。ここには「一人でもやる、一人でも止める」という無防備になる勇気が必要です。自分ができるかどうか分かりませんが、先に銃を捨てる兵士のような存在でありたいと思います。

ケンカはいけない、手を出してはいけないと学校で教えながら戦争をする大人。被爆国であり核兵器廃絶を訴えながら核兵器禁止条約には参加しない日本。「道徳」が教科になり評価の対象になりましたが「道徳」は時代によって変化します。子どもの考え方をある方向に導こうとするのは間違っています。大人が心にもないことを言ってもすぐにばれるし巧妙に立ちまわる人間を育てるだけです。まず大人が誠実さや良心を失わないことです。

憲法九条は戦争の放棄を掲げています。多くの人々の命を奪った戦争を経験して「もうこの愚かな殺し合いはたくさんだ」という願いが根底にあります。殺すのも殺されるのももうたくさん、という反省の上につくられた法律です。

疑心暗鬼の上に成り立つ数々の現実的な議論があります。有事の際はどうするのか？　この憲法で国益は守れるのか？　家族は守れるのか？　自衛隊はこのままで良いのか？　連合国がつくった憲法に縛られるのは自立国家と言えるのか？　等々、いろいろ言われますが、「殺さない、死にたくない、だから武器は持ちません」と言う純粋なメッセージを送ることで相手は変わる可能性があるのです。新生児の強さと同じような相手を変え得る強さが憲法九条にはあります。「もしも他国から攻められたら」という脅しで、軍隊は必要だし憲法九条は変える必要がある、と言う議論があります。戦争になれば多くの人間が犠牲になります。その犠牲がどのくらいなのか考える想像力が必要なのです。憲法九条を守れば犠牲は最小限で済むでしょうが、戦争した場合、下手をすると人類が滅亡するかもしれません。「理想的なものを持続するには、たいへんな覚悟が必要です。覚悟のないところで平和論を唱えてもダメだし、軍隊をもつべきだという現実論にのみ込まれていきます。多少の犠牲は覚悟しても、この憲法を守る価値はあるということを、どうみんなが納得するか」（太田光・中沢新一『憲法九条を世界遺産に』集英社）なのです。犠牲の大きさの議論をするべきなのです。

我が国は無防備になります、と宣言した憲法九条は人類が生き残る鍵となるであろう希有な法律です。この法律に世界は学ぶべきなのです。だからこそ、この法律を堅持してきた日本国民がノーベル平和賞の候補に挙がったし、核兵器廃絶を訴え続けたＮＰＯがノーベル平和賞を受賞したのです。現実には困難がたくさんありますが、日本はこの路線を世界に訴えるべきです。マレーシアのマハティール首相は「日本には模範とすべき平和憲法がある。マレーシアでも同様の憲法を作りたい」(『朝日新聞』二〇一八年九月三十日朝刊)と話しています。

ところが、情けないことに自民党政権はこの法律を変えようとしています。現実と合致しないのであれば現実の方を変えれば良いのです。戦争をするかもしれない愚かな現実に合わせて、人類の生き残りを謳った崇高な法律を変える必要はありません。

「戦争が起こるのは、国家が戦争する権利をもっているから」(エメリー・リーヴス『平和の解剖』毎日新聞社)です。核兵器が抑止力なのではなく、一九四五年八月六日に広島、九日に長崎で起きたこと、沖縄戦で起きたこと、アウシュビッツで起きたこと、南京で起きたこと、個々の戦場で起きたこと等、現実に人間が起こしてしまった悲惨な事実が抑止力なのです。もう悲惨な殺し合いはしたくないという人間共通の思いが踏みとどまらせているのです。その想像力を少しずつ失うことは、死んでいった人々への最大の冒瀆です。武力が戦争の抑止力だなどとはき違えてはいけません。

ユダヤ人の大量虐殺が行われたアウシュビッツ強制収容所の前にある碑にはこうあります。

「私たちの運命が、あなたがたへの警告です」

神は人間に様々な力を与えました。臨界点を超えて次の段階の新しい人類になれるかどうか、馬鹿げた殺し合いなどしない人類になれるかどうかを試されているように思えます。

子育てから少し逸れましたが、大人の生き方を変えてしまう程、新生児のもつ力は計り知れません。なぜ大切にしようと思うのか、可愛がろうと思うのか、それは新生児から発信された無言のメッセージを大人が肯定的に受け取るからです。「無力である」という新生児の存在自体が強烈で肯定的なメッセージなのです。

ところが「障がい」があると言われると大人の受け取り方は肯定的にはなりません。人それぞれ受け取り方は異なるでしょうが「障がい」のある子どもを引き受ける覚悟をどこかでせざるを得ません。大人は子どもによって親になると言いましたが、我が子に「障がい」があると言われた大人は「障がい」のある子どもによって親になります。無条件に可愛がることができない親もいるでしょう。「障がい」がなくても無条件に子どもを可愛がることができない親もいますが。

あるいは、自分がこの子を守らなくてはいけないという思いを強くする方もいるでしょう。その思いが周囲を変えていくエネルギーになる方もいます。一方で子どもを抱え込むように育てられ、親の呪縛から逃れられない子どもを何人も見てきました。

子どもに「障がい」があると、親から可愛がられるという生きる力の根源になる大切な無条件の愛が得られにくい可能性があります。それは生まれた直後だけでなく、その後にも影響を及ぼします。「障がい」があると医者から言われなければ、福祉の恩恵が受けられないという現実があります。子どもの状態によって異なると思いますが、「何かおかしい」と思っても「障がいがある」と言われるのと言われないのとでは親の意識に大きな違いがあります。「何かおかしい」と思ったら無償で医療や福祉のサービスを受けることができる等の社会的なフォローが充実していけば良いと思います。

障がいのある子どもの親が地域や社会を変えている例はたくさんあります。自分の子どもから学んだことがそのパワーの根源になっている素晴らしい素敵な方々です。「障がい」のある子どもの存在が自らを変え、パワフルに生きることを支えてくれているのです。どのような場合であれ子どもは大変な力をもって大人の前に現れます。

環境との関わりから考えると、子どもの行動には必然性があります。栄養分を摂取するため乳頭に顔があたると、そちらに向かって首を動かし口に持って行き吸い付くという反射等、生きるための数々の本能を生まれながらにもっています。その発育過程を経て、自分の意志で動きをコントロールできるようになり、給食時には好きなおかずをじっと見て、多いか少ないか真剣に考えて選ぶような自我が育ってきます。

次に大切なことは「仲間と楽しく遊んだ経験」です。可愛がられることにより「自分は大切な存在なんだ」と生きる自信を獲得します。そして、大切な存在の人々の中で生きる自分でもあることを学んでいくことになります。その基礎になるのが「仲間と楽しく遊んだ経験」です。時には上手くいかない時もあるでしょうし、喧嘩することもあるでしょう。しかし、その度に解決方法を考えます。問題が生じるからこそ解決しようとする思考も生まれます。

「自分」と「仲間の中の自分」という両義性をもって生きていくのが社会的な動物である人間なのです。自分を大切にするように他人も尊重し、大切にしなければならないということです。

周囲の人々と上手く関われない若者が増えているのは、「仲間と楽しく遊んだ経験」が不足しているからではないかと思うことがあります。無条件に友達と楽しく遊んで欲しいものです。大人はそういう子どもたちを、大人の考える「正しい方向」に導こうなどと考えないことです。問題となる行動を放っておくのか、と言われそうですが、問題があるとすれば、それまでの大人の関わり方に問題があった可能性があります。子どもと一緒に遊んだでしょうか？　仕事優先で子どもから意識が離れていなかったでしょうか？　心の底でつながっている実感をもっているでしょうか？　明るく軽やかで笑いのある関係が築けたでしょうか？　「つながっている実感をお互いがもつこと」。そういう基本的なことができていれば、大人は静かに子どもの成長を見守るだけで良いのです。こうさせたいという自分の思いは置いておくのです。

子どもは生まれる場所を選ぶことはできませんが、今置かれた環境の中で自分を成長させる事柄を自分で選びます。見守るとは大人の意識が子どもに向いているということですが、自分の子どもだけが良ければよいということではありません。そうではなくて、例えば子どもが遊んでいる時にスマホを見ないということです。他人の子どもも可愛がることです。こうしなさい、ああしなさいと言わないことです。言わずにはいられない自分には何か問題があると思うことです。自分を見るもう一人の自分をつくることです。

「障がい」があろうとなかろうと、育ちの環境はその人に決定的な影響を与えます。大人である自分も影響を受けて育ったのです。どういう影響を受けて育ったのか、自分を顧みることで次の世代の子どもにできるだけ悪影響を与えないようにすることが大切です。そういうことがどれだけできるかが自分に問われているのです。それは同時に、子育てをする中で自分の育てられた環境を見つめ直し、親の気持ちに想いをはせることになるでしょう。

私は子どもの頃、都会に住んでいましたが自然が好きな昆虫少年でした。毎週のように父親に山に連れて行ってもらいカブトムシやクワガタムシに夢中になっていました。近所の友達とはバッタやコガネムシ、カミキリムシなどを探す毎日でした。大人になった私は、山や川が近くにある田舎に家を買いました。その動機となることが小学三年生頃にありました。

父親とJRに乗り虫採りに行った夏、野々口《ののくち》という駅で降りました。はじめての場所だったこともあって全く捕獲することができませんでした。樹液の出ている「居る樹」を知っていなければカブトムシやクワガタはそう簡単に見つかるものではありません。

空の虫カゴを肩から下げ、木造の鄙びたJRの駅舎で帰りの電車を待っていると、地元の小学生が数人やってきて父が話しかけました。虫採りに来たのだが採れなかったという趣旨のことを話すと、小学生たちは自転車に乗って行ってしまいました。

暫くして戻ってきた小学生たちは虫カゴを持っていました。その中には大小様々なクワガタが何匹も入っています。自分たちのとっておきの場所に行って採って来たのでしょう。それをカゴから出して、私の空の虫カゴに入れてくれたのです。「ありがとう」と言った後、何とも言いようのない温かい気持ちになりました。

虫採りの醍醐味は「いた！」という発見した瞬間にあります。釣りと同じで買ったりもらったりしてもその醍醐味は味わうことができません。この時の気持ちは虫採りの醍醐味とは異なる、味わったことのない感情でした。困った時に助けてもらったありがたさ、知らない人に対する信頼感と恥ずかしさが入り交じっていたように思います。そして、見知らぬ子どもたちと私を仲介し、この事件を演出した父の存在のありがたさを想います。

大人になった私は、無意識のうちに野々口の周辺で土地を探していました。あの時の想いがこの土地に染みついていて、良い印象を与えていたことは間違いありません。

自分が父親になると小学生の子どもを連れて毎週キャンプに行っていました。親から子に受け継がれるものはＤＮＡだけではなく、生活習慣や家族の在り方、大袈裟に言えば文化と言うべきものも含まれると思います。

子どもたちはゲームばかりせずにもっと山や川に行くべきです。もっと面白いものがあることに気づくべきです。そのためには山や川が面白くなければなりません。面白さは生き物にあります。昔の小川にはメダカが群れていました。フナやドジョウ等たくさんの生き物が生きていました。高度成長により護岸工事が進み、中には川底までコンクリートで三面護岸され死の川になっている所も少なくありません。「日本の川の場合、最大の破壊者は『建設省』である。治水、利水を名目とするダム、護岸工事が日本の津々浦々に及び、日本の川の土手は大半が白いコンクリートになってしまった」（野田知佑『川からの眺め』新潮社）。危ないから川には入るなと大人は言い、自然の面白さを奪ってきました。大人も子どもも川には行かなくなりました。自然の楽しさを子どもから奪った責任は全て大人にあります。学校も同罪です。大人がもう一度川に行くべきです。夏、私は山や川に網を持って行きます。一人で川に入るのは少し恥ずかしいのですが、すぐに夢中になります。幾つになっても自然は最高の友達なのです。

自分たちが行く所は汚そうと思いません。川を汚しコンクリートで破壊したのは川に行かないからです。身近にある無料で最も楽しめる自然の楽しさを取り戻すべきです。

カブトムシは夏が終わると死んでしまいます。自然環境が変化するからです。人間は自然環境の変化から身をまもるために家をつくり、服を着ました。しかし、環境を破壊して地球の温暖化を招きつつあります。このままでは地球というみんなの家を破壊し、自分たちも生存できなくなるでしょう。

家族で大切なことは、何でも言えるということです。その背景には温かい環境が必要です。夫婦は当然仲が良くなければ温かい環境はつくれません。その環境は子育て全てに良い影響を及ぼすでしょう。「人は解決できることのみを問題にする」という言葉の通り、一人で悩み、誰にも言えない状態が一番苦しいのです。何でも言える人間関係があることです。それは積み重ねによって築かれるもので、一朝一夕にできるものではありません。家族だから言えないということもあるでしょうが、そんな時は誰でもいいから話せる人をつくることです。家族を中心にして、様々な集団に属していること、様々な関係性の中に自分がいることで救われることがあります。どこかで「自分はもうダメだ」と思っても、違う集団の関係性の中で生きていけるからです。自分は見捨てられていないと思えることで人は生きていけます。そう思える場所や関係をたくさんつくることによって生活し続けることができるのです。

人は自然の一部なのでどこかで一人ですし、本当の悩みは人には言えません。相談している時点で心の中では解決していることはよくあります。

人には、何かを排斥することによって集団のまとまりを維持しようという機能（第三項排除）があると言われます（今村仁司『排除の構造』筑摩書房）。特別支援学級や特別支援学校も、普通学級・学校を維持するための存在とも言えます。

画家のゴッホは、耳を切り落とすことで自殺を防いだという説があります。個人から集団レベルに移せば私の育った地域では「言うたろ言うたろ、先生に言うたろ」というメロディーがありました。誰にも教わらないのにみんなが知っている排除のメロディーです。

いじめも誰かを排除することによってその子以外の集団を維持しているという構図があります。そんなことをしなければ維持できない集団とも言えます。「いじめられている子」対「それ以外の子」という構図ですから、中間という存在をなくしてしまう恐ろしさを秘めています。だから、見ている、知っている子はいじめる側になります。排除の対象となる条件は多様なので、いつ自分が対象になるか分からない恐怖も抱えることになります。いじめは、二分法を無理矢理生じさせることでその機能を維持していると言えます。

合格か不合格か、「障がい」があるのかないのか、成果が出たのか出なかったのか、専門性があるのかないのか、等々、AかBかという二分法は、指の隙間から水が流れ落ちるように多くの大切な事柄を取りこぼす危険性があるのです。

子どもが自殺した時の報道に、いじめがあったかなかったか、学校や教育委員会はそれを把握していたかいなかったか云々ということが取り上げられます。そしてマスコミによるいじめが始まります。自殺する子は誰にも助けを求めることができずに死にました。その仇をマスコミが討つことを期待しているのではないか、と思えることがあります。

可愛がられ、大切にされて生きる自信に溢れ、友達とたくさん遊んだ経験のある子がいじめをするとは考えにくいのです。二分法で解決しないことだけは確かです。

性教育から考える

以前、学校内で性教育の研究をしている時にベテランの養護教諭から言われました。

「成沢さん、あんた性教育を恥ずかしいと思ってるでしょ」

私は痛いところを突かれ「いや、その、あのあの」などとしどろもどろになっていると、追い打ちをかけるように「通勤する車の中で、思い切り大きな声で陰部の名前を言いなさい」と言われました。

私はそれから暫くの間、車の中で一人、大きな声を出していました。暫くすると養護教諭の言っていたことが分かるようになりました。陰部の名称を言うことが次第に恥ずかしくなくなってきたのです。同時に性教育をする教員としての自分と、自分の中にある性的な部分が解離していたことに気づいたのです。

一九九七年頃に東京都日野市の七生《なな お》養護学校（当時）で教員と保護者が「こころとからだの学習」と名付けられた性教育プログラムを開発し、男性器と女性器の部位や名称を織り込んだ歌や人形を使った授業方法で注目を集めました。

これに対し、ある都議会議員が「世間の常識とかけ離れた教育だ」と述べ、東京都教育委員会（都教委）に「毅然とした対処」を要求し、都知事の石原慎太郎（当時）もこれを支持。都教委は「授業内容が不適切である」として授業に使用された教材を没収すると共に、当時の校長に対しては「教員の定数について虚偽の報告を行った」等の理由で教諭への降格並びに停職一カ月の懲戒処分を命じました。また、授業に関わった教員らに対しては厳重注意処分が下されましたが、処分理由はいずれも問題視された授業内容とは直接関係のないものでした。

この事件の余波は国政にも及び、自民党は安倍晋三を座長、山谷えり子を事務局長とする「過激な性教育・ジェンダーフリー教育実態調査プロジェクトチーム」を発足させます。

東京弁護士会は都教委の処分には重大な違法性が認められるとして警告文を送付しました。また、元校長は処分取り消しを求めて都教委を提訴。二〇〇八年に東京地方裁判所は請求を認める判決を言い渡します。都教委は控訴しましたが、東京高裁判決も一審判決を支持し、都教委側の控訴を棄却。都教委側は更に上告しましたが、最高裁判所もこれを受理しない決定を下し、元校長に対する処分を取り消す判決が確定しました。

元教員および生徒の保護者は、都教委・都議三名と「過激な性教育」などの見出しで記事にした産經新聞社に対して訴訟を起こし都議三名と都教委に二一〇万円の支払いを命じました。自分たちのモノサシのみを確かな物と見立てて、その他は非常識だとする傲慢な批判に対して裁判所は鉄槌を下したのでした。

性的な事柄について我々が何となく分かっているけど恥ずかしいから表には出さないことを、分かるように教えようとした教育活動に対する批判でした。性的な事柄について適切なことを知る権利と振る舞う義務が全ての人々にあります。丁寧に知らせないと分かりにくいこともあるのです。潜在的な学習だけで我々が分かることも顕在的に知らせないと分からない場合があります。

性的な内容に起因する事件や教員の不祥事は跡を絶ちません。校内のセクハラ防止委員会も設置されるようになりました。障がいがあろうとなかろうと性的な感情は生きる力であり、一人一人が受け止めなければならない問題なのです。

できれば触れたくない気持ちは分かりますが、大人にもてあます性的な感情を「特別支援教育」の対象となる児童生徒がどう受け止め、向き合うのかということはとても大切です。そこで性教育がどうしても必要になるのです。

異性への関心、自分の身体の変化、恥ずかしさ、つのるイライラ、人恋しさ、もの悲しさ等々、成長しているがゆえの不安から様々な行動で情動を表現することもあります。公共の場で裸になる等、場所によってはやってはいけないことも学ばなければなりません。マスターベーションは誰に教わるでもなく自然に覚えるものですが、分かっていなければ、やって良い時間や場所とペアで教える必要があります。また、異性への接し方や関わり方について、社会に受け入れられる大人としての行動を学ぶ必要もあるでしょう。いずれにしても問題行動の背景には「教えて欲しい」という気持ちがあります。「この行動がいけないのだったら、どうすれば良いのか教えてよ」と言っているのです。それも教えてもらいたい人がいるところで、その行動は起こるでしょう。

この様に周囲が教えて学べることもありますが、基本的には自分で受け止め、乗り越えていくべきものです。その手助けとしての情報提供や分かる環境をつくることが必要になるのです。

理解のある周囲との関わり方や前向きに対峙する姿勢が大切です。当時の七生養護学校で行われた性教育とそれに対する都議会や都知事、教育委員会という権力者、扇動するマスコミ勢力は「特別支援教育」について学習し直す必要がありますが、その前に「こうあるべきだ」と偏向を押し付ける危うさに気づくべきです。

人間は愚かな生物です。武器を捨てることがなかなかできません。その人間の愚かさを支えているのは「こうあるべき」という偏向です。「こうあるべき」という考え方は時に危険を孕むことがあります。そして、私自身が「間違っている」と断言する時、「こうあるべき」という主張をしているという矛盾が生じます。

誤解を承知で言うなら、世の中全てのことはどうでもいいのです。給食を完食せねばならないという押しつけは、戦争に行ったら人を殺さねばならないという押しつけと同じです。「こうあるべき」という自己のモノサシの危険性を、私を含め一人でも多くの人が自覚しなければなりません。

自分自身の中にある性は「こうあるべき」と言えるほど簡単ではないはずです。だから校長がセクハラしたり、先生が性的な事件を起こすことが跡を絶たないのです。性的な欲望は生きる力の根源の一つだからです。これは人間全てにあてはまります。「デリケートな性教育は詳しく教育すべきでない」という浅はかな政治家やマスコミが騒ぎ立て、そして破れたのが七生養護学校事件だったのです。

北野武氏は最高の性教育は出産シーンを見せてやることだ、とした上で次のように述べています。「母親がこんなに苦しみながら自分を産んだんだってことがわかれば、親孝行しなさいなんてわざわざ教える必要はない。……性器を目の敵にして、わいせつだから絶対に見ちゃいけないなんていってるから、みんな見たくて仕方なくなる。そして、そのイメージや妄想は次第にねじれてあらぬ方向に変化していくのだ。自分がそこからこの世に生まれてきた大切な場所だということをすっかり忘れて、下手するとこの世でいちばんわいせつな場所だと思い込むようになる」（北野武『新しい道徳』幻冬舎）。

食欲や性欲から物欲、名声欲、権勢欲まで、欲望によって生きている人間の悲しさを感じるのです。

組織の中での居場所

職場が「怖い」と感じたことはないでしょうか？

私は中学校の普通学級、特別支援学級、特別支援学校と勤務させていただいた中で「怖い」と感じたことが何度もあります。特別支援学級の担任をしていた頃が特にそうでした。職員室に行くのが本当に「怖い」のです。職員室にいることが少なくなり、何だかそこには私の居場所がないような違和感がありました。職員室に入るまでの緊張感。勇気を出して入ったものの、自分の席に座っても続く居心地の悪さ。

しかし、近くの先生と話をしているうちに自分の心が周囲に溶け出していくような錯覚に陥りました。私が周囲と一体化していくような感覚。常に職員室にいれば「怖い」と感じることはないのかもしれません。そこにいて話をして時間を共有することで自分の居場所がそこにある実感を得ることができるのです。例えは悪いのですが、犬が匂いを嗅ぎながら小便をし、自分の縄張りであること、いても良い場所であることを確認するのと同じようなことかもしれません。集団の中での心地よい居場所があるかないか、これは仕事をする上だけでなく生きていく上で重要なことです。

居場所とは自分が安心することができる場所のことだとすると、学校の中で自分が安心できる場所とは何処なのでしょう？　教室？　職員室？　保健室？　図書室？　美術の先生なら美術室？　美術準備室？　……安心できるかできないかは、自分とそこにいる人との関係性に依るのです。この関係性が自分にとって心地よいと感じるか、感じないかに深く関わるのです。居場所とは人との関係の中でつくり出してゆくものなのでしょう。

子どもたちも同じです。学校の中に自分の居場所があるから学校で過ごすことができます。子ども同士や先生との関係性に依るのです。そのための基本的条件は、同じ場所に一緒にいる、ということです。特別支援学級、特別支援学校は場所自体が別なので、関係をつくること自体が阻まれています。多くの友達の中にいて関係性を築く土台が奪われているのです。

私はいわゆる「障がい」のある児童生徒たちと接する中で、安心できることがしばしばあります。それは恐らく児童生徒が飾らない姿で私に接してくれるからだと思います。飾らない児童生徒を分かろうとすることで、私自身も飾る必要がないということを教えてくれるからです。無理して居場所をつくらなくても良いような安らぎをおぼえるのです。人は、空気を読みすぎて疲れてしまうものですが、そういう必要を感じさせないのです。彼ら、彼女ら自身が無理して居場所をつくろうと主張していないからです。

くり返しますが、安心できる居場所とは、一緒にいる人の中に存在します。そこにいる人が自分を傷つける人か、そうではない人かということが安心できるかどうかの分かれ目のように思います。そして相手を傷つける人というのは、多かれ少なかれ自分に余裕のない人が多いように思います。

自分とは誰かにとっての自分である以上、その誰かが自分を傷つける人だったり、安心できない人だったりすれば一人でいる方が楽だと思うでしょう。

つまり集団の中で「居場所がない」というのは、安心できるような人との関係性をつくれていないということかもしれません。人との関係性をつくるのが上手い人が教師にはたくさんいます。しかし、私のように上手くない人も中にはいるのです。それは教師と子どもとの関係性の上でも同様です。「私たちが、ある人に対してどうも気が合わないと思うのと同じように、指導者と子どもとの間に同様な感情があっても不思議ではない。私はこれを『臨床的相性』と言っている。……その個体が本質的にもつ生きるペースがあるのではないか、ということである。そのことが、指導者と子どもの『臨床的相性』に通じているのではないかと考える」（津田望・東敦子監修『認知・言語促進プログラム活用マニュアル』コレール社）という言葉には納得がいきます。

全体の職員が集まる場が怖い、という同僚がいました。職員朝礼の時間は校長室で過ごしていました。やがて職員室に入れなくなり、学校に来ることができなくなりました。クラス集団にどう働きかけて子ども同士の関係性や学びを育ててゆくかが担任に問われますが、その担任が学校は楽しくないと感じていたらどうでしょうか？　加重な負担により心の余裕もなくなり、自分自身が成長できなくなった先生にとっては学校が地獄となるでしょう。そうならないために働きやすい職場をつくることに管理職や行政は力を入れるべきです。そのためには、まず管理職や行政にいる人自身が楽しいか、ということを問い、楽しくないのであれば最も身近なところから楽しくなるように変える必要があります。もしも疲れ果てているのであれば、最終的に児童生徒までその疲れは及ぶことになることを肝に銘じるべきです。

精神的な疾患により学校に来ることができなくなっている教員が全国にはたくさんいます。文部科学省によると教員の病気休職者数は年々増加傾向にあり、ここ十年で三倍になっているそうです。精神疾患による休職者数は在職者の〇・六％に当たると言われます（文部科学省「教員のメンタルヘルスの現状」二〇一二年）。

学校での会議は、よく考えると大した内容ではないことが度々あります。

先生は真面目な人が多いため、一歩引いて自分や仕事を省みて何てバカげたことをしているんだろうと思えたり、なるべくストレスのかからないようにしたりすることができにくいのかもしれません。全力を出し切る前に逃げ出す勇気、逃げ出す力みたいなものが足りないように思えます。結果として身体が悲鳴を上げてしまい、「学校に行かない」のではなくて「学校に行けない」ということになってしまうのでしょう。子どもも先生も「行けなくなる」前に「行かない力」が必要なのです。ズル休み、と言うと聞こえは悪いかもしれませんが、大切な力なのです。

見方を変えれば、多くの人は仕事をすることで自分の居場所を必死で守っているとも言えます。仕事をすることにより自他ともに「責任を果たしている、きちんとしている自分」という自覚をもつことができるのです。意地悪い言い方をすれば、自分の代わりはいくらでもいる、ということから目を背けたいから休まず仕事に励んでいる、と言う側面はないでしょうか？　総理大臣だって代わりはいるのです。

仕事はしない方が良い、と言っているのではありません。仕事で充実感をもつことが大切なのです。社会の中で安心できる居場所をつくることはできなくても、することを見つけ、何かしらの役に立っているという自覚を感じられることはとても大切なことです。そのためには、一生懸命に打ち込める仕事でなければなりません。好きなことだから一生懸命にできるし楽しめるのです。熟年のボランティアが増えているのも、生き甲斐を求めた結果「人のために役立っている自分」を実感することが大切だと思ったからでしょう。福沢諭吉も「世の中で一番楽しく立派なことは、一生涯を貫く仕事を持つことです」「世の中で一番寂しいことは、する仕事がないことです」と言っています。この場合の仕事とは、嫌だけどする仕事ではなくて夢中になれる仕事のことです。

つまり、仕事に拘束される時間の長さは関係ありません。働く時間は長ければ良いというものではないのです。

一人当たりの平均年間総実労時間はドイツやフランス、スウェーデン、イギリス等に比較して日本は長く、多くの時間を労働に当てています（独立行政法人　労働政策研究・研修機構「データブック国際労働比較」二〇一八年）。労働内容が自分の人生を豊かにするような充実したものであれば良いのですが、そうでない場合は苦痛です。その時間は少しでも短い方が良いでしょう。逆に労働内容そのものが楽しくて仕方ない場合は、時間は関係ないと思えるかもしれません。「命は時間の中にある」と日野原重明氏がおっしゃっています（日野原重明『いのちのおはなし』講談社）。時間をどう使うか、ということを考えるのは、命をどう使うか、ということを考えるのと同じなのです。もしも明日死ぬと分かっていたら、今、何をするか、ということです。

一日働いて帰ってくる、
家の近くのお惣菜屋の店先は
客もとだえて
売れ残りのてんぷらなどが
棚の上に　まばらに残っている。

そのように
私の手もとにも
自分の時間、が少しばかり
残されている。
疲れた　元気のない時間、
熱のさめたてんぷらのような時間。

お惣菜やの家族は
今日も店の売れ残りで
夕食の膳をかこむ。
私もくたぶれた時間を食べて
自分の糧にする。

それにしても
私の売り渡した
一日のうち最も良い部分、
生きのいい時間、

それらを買って行った昼間の客は
今頃どうしているだろう。
町はすっかり夜である。

石垣りん「貧しい町」(『石垣りん詩集』ハルキ文庫)

学校のみならず、多くの仕事は拘束時間を短縮するべきだと思います。もっと働きたい場合は延長すれば良いのです。

学校現場で言えば、給食までの午前中はこれまで通りで午後からは引き続き勉強しても良いし、部活動や地域の方との交流があっても良い。午後は様々な活動を選択できるよう社会教育の時間にすれば良いのです。地域の方々も学校に来る機会が増えるし、不登校ぎみの子どもや先生も午前中だけなら来やすくなるでしょう。アルバイトという社会教育の時間になる生徒がいても良いと思います。学校では居場所がなくても、午後の活動のどこかで居場所をつくることができるかもしれません。居場所があると感じることができるまで午後の活動を模索すれば良いのです。

そんなふうに午後の活動ができたらどんなに素晴らしいことでしょう。やらされてするのではなく自ら選んで行う活動。必要な教育活動を広い範囲から選択できる日が来ることを祈るばかりです。自分に必要な栄養は自分が一番良く知っています。楽しく仕事ができるところに無理せず行けば良いのです。

組織は仕事を媒介として人との関係性で成り立っています。自分が人から認められるだけの価値を欲する場合、その価値をすでに備えている人には頭が上がらないという呪縛からのがれることができません。上司の命令には逆らえないという大原則があります。アメリカの思想家、ヘンリー・デイヴィッド・ソローは「愚かな人間は、自分をより高く買ってくれる人を探し続ける人生を送る」（『孤独の愉しみ方』イースト・プレス）と言っています。私も組織の中で自分の魂を売るようなことはしたくありません。

先生も組織の一員ですからこういうモノサシに縛られている人もいます。それが生きる力になっているのであれば悪いことではありません。私は先生らしい先生ばかりの学校というのは居心地が悪く、よく考えると異常な場所ではないかという気さえします。しかし、思えばそう考えるのも不自然なことです。個性的であるべきだ、という考え方は、地位や名誉を得ることで認められようとすることと根っこは同じかもしれません。自分で自分を認めたい、そのために人から承認されたい。人が認めてくれそうなもの（お金や地位、名誉……）を手に入れようとします。自分で自分を認めたいからです。

二〇一八年現在、厚生労働省「平成29年中における自殺の状況」によると、日本には年間に二万人以上の自殺者がいるそうです。誰にも気にかけてもらえない、認めてもらえない、相談できないと思っている人がいるのです。その一方で無差別に殺人を犯して自殺するといったような事件も起きています。アメリカで起こっていたような事件が日本でも起こるようになってしまいました。自分の存在を嫌悪し、他人や社会に敵意を向ける。大切にされてきた、認められている、仲間がいる、そういう経験が様々な条件により欠落していたのではないかと思います。

生きて行く上で必要なことは、まず寝ること、食べることです。朝食を食べない子どもが増えている一方で共働きの夫婦が増え、政府もそれを推奨しています。共働きが全ていけないと言っているのでありません。ただ、親にまで余裕がなくなって子どもを大切にすることができるのだろうか、と思います。働きに出ることで、朝ごはんを用意する余裕がない親もいるかもしれません。


職業は人をつくると言いますが、公務員や教師は、真面目で堅い、融通がきかない、木っ端役人というイメージがあります。それは公僕という組織の一員として機能するためには仕方のないことだろうと思います。組織の中で上手くやりながら生きていくのは疲れるものです。時には傷つき、時には癒やされ、粘り強く毎日を生きていく。自分の為にがんばっていることが人の為にもなるような生き方を探っていくことに意味を見出そうとしています。

砂漠にも植物が存在し過酷な環境の中で必死に生きています。茎や葉は外界の過酷な環境の中で枯れてしまっても、根っこだけは枯れないように必死に守っています。居場所がないと感じても、自分の中の根っこを枯らさないように守ること。現状が自分には厳しくて、そこには居場所がないと感じるのなら本当にそうなのでしょう。でもそれが自分の全てではありません。様々な場所に自分を投げ入れて居場所をつくることによって、居場所だと感じていたところが居場所ではなくなっても、それだけが全てではないと思えるはずです。今の過酷な現状を一歩引いて眺めてみるのです。居場所の異なる友達と話す、読書をする、散歩をする、映画を観る、ギターを始める、詩や俳句・短歌を書いてみる、絵を描く、ボーっとする、ひたすら眠る……何でも良いから自分の根っこの栄養を蓄えることです。

居場所がないと感じる場所から逃げ出せないのなら、最小のエネルギーで何とかやりすごし、精神的に逃げ出しましょう。

居場所がないと感じた我々に必要なのは「今以外の自分さがしの旅」に出る勇気です。生きることができるまで生きていることです。生きていればいろいろあるのです。

おわりに

教育の現場が世知辛くなったなあと思います。まるで肉食恐竜が跋扈する時代のようです。獲物を狙うことだけが目的の恐竜が大手をふり、穏やかで小さな動物が絶滅に追い込まれるような弱肉強食の世界です。目標設定、ねらいの明確化、具体的な支援……柔軟な姿勢などは許容されないことが増えてきました。私は「適当」が好きなのですが、そういうことは許されない空気です。また私は誰かから査定されるのが大嫌いですが、そういうことも増えてきました。明快な答えを求められることが多くなり、ぐずぐずして中途半端な私には息が詰まりそうです。米国っぽくなってきたんだろうなあと思います。他国に武力で踏み込んできっぱりと明快な答えを出そうとし、目に見える成果が重視される国。今、このような時代になったことに私は少なからず責任を感じています。歴史を知るとその想いは益々つのり、自分の不甲斐なさに締め付けられるようです。

あなたは何のために生きているのか、と聞かれたら「好きなことをするため」と答えるでしょう。好きなことが誰かの役に立っていれば言うことはありません。今の自分は多かれ少なかれ、「そうなりたかった自分」です。自分の意識が自分の未来を決めます。そして、一人一人の意識がその国の意識を決めます。現実にふりまわされて思考停止しないこと、考え続けることです。黒を白と言いくるめ、ウソをつき通し国会や国民を愚弄するこのままの政治が続けば「死にたくない、殺したくない」という単純だけど最も大切な意識ですらどこかにいってしまうでしょう。様々な考え方や理念があっていいと思います。その一つ一つが一ピースとなり、やがてジグソーパズルを完成させることになるのでしょう。どれが間違いでどれが正解かということを早急に結論づけることはできませんが、死ではなく生へ、不幸ではなく幸福へ、別々ではなく一緒へという方向性は間違っていないのではないかと思います。

私はかつてこんなことを書いたことがあります。

「それまで普通学級の担任をしていた私は、障がい児とかかわることで、それまでの常識みたいなものを修正しなければならなくなりました。それは『できる』とか『できない』というモノサシだけではかりきれない、何か違うモノサシがあるんだという問題提起のようなものでした。私は、人としてものすごく大切な、それでいて普段は忘れてしまっている『何か』を、障がい児から毎日つきつけられました。そして、以前と違うモノサシで学校や社会を見ると、今まで見えていなかったものが見えるようになりました。そんなたくさんのことを教えてくれる彼ら、彼女らが、なぜ障がい児なのか？　という思いが募ってきました」（『特殊学級ってなんだろう？』ぶどう社）。

私のモノサシで現在の教育を測ったときに、成果や説明責任といったことに成る程と思う一方で、子どもたちと一緒に楽しんだり、子どもたちの成長を喜んだりする時間が減らされているように感じます。大切にすべき「何か」が、おざなりにされているような違和感です。

大切にすべき「何か」とは何だったのか、渾沌とした中にそれはあるように思えます。

褒めても褒めなくても良い。叱っても叱らなくても良い。食べても食べなくても良い。一生懸命でも不真面目でも良い。がんばっても、がんばらなくても良い。偉くなっても偉くならなくても良い。金持ちでも貧乏でも良い。幸せでも不幸せでも良い。でも、人を殺すのはいけない。きちんとしていても、いいかげんでも良い。友達がたくさんいても一人ぼっちでも良い。美人でも不細工でも良い。性格が良くても悪くても良い。頭が良くても悪くても良い。会社の社長でも日雇い労働者でも良い。書いても書かなくても良い。借金があってもなくても良い。

生きていることが、それだけで良い。

春秋戦国時代の中国で諸子百家と言われる多くの思想家が現れました。老子と共に道家の祖と言われる荘子は次のように表現しています。「南海の帝を儵《しゅく》といい、北海の帝を忽《こつ》といい、中央の帝を渾沌という。儵と忽とはときどき渾沌の土地で出会ったが、渾沌は手厚く彼らをもてなした。儵と忽は渾沌の恩に報いようと相談し、『人間にはだれにも（目と鼻と口との）七つの穴があって、それで見たり聞いたり食べたり息をしたりしているが、渾沌だけにはそれがない。ためしにその穴をあけてあげよう』ということになった。そこで一日に一つずつ穴をあけていったが、七日たつと渾沌は死んでしまった」（金谷治訳注『荘子――応帝王篇』岩波文庫）。

「障がい」のある子どもたちは渾沌に似ています。「教えることなど何もない。学ぶことが山ほどあるだけだ」と思っていたのも、「道からはずれそうになった時、軌道修正をしてくれるのは、いつも彼らだった」のも、感覚をもてあそび、知恵に依存することで人間としての力を失った私と、真の人間の力を失っていない彼らの違いではなかったのかと思えるのです。「知そのものが慢性の障がいなわけで、だからこの子（知的障がい者）は障がいを免れた完全な命」（玄侑宗久『荘子と遊ぶ』筑摩書房）なのかもしれません。

最前線のリアルな現場に身をおくこと、そして、どっぷりつかっている自分の仕事に対して、どれだけ客観的な視点をもって考えることができるかということを大切にしてきました。客観的などという視点はありませんが、どれだけ離れて観ることができるか、これは大切なことです。「障がい」のある児童生徒と関わる中で教育や心理関連の本に限界を感じていた私は、哲学や倫理学の本を毎日読み漁りました。「障がい」のある子とのリアルな関わりの中にあるナゾの答えを、それらの本の中に求めようとしていたのです。

「過去に目を閉ざす者は、結果として未来にも無知になる」（ヴァイツゼッカー『荒れ野の40年――ヴァイツゼッカー大統領演説全文』岩波ブックレット）と言われます。特別支援教育の中にある「おかしなこと」を考えてみましたが、時代と共に移り変わる「当たり前」は、意識していないとすぐに硬直化してしまいます。バランスをとろうと思うと、いつもマイノリティでなければなりません。言い換えれば、それは末端に位置することでもあります。教育の現場では担任をしているか、していないかということが大きく関係します。私は担任を外れたことが何回もありますが、そんな時の自分の中にはうさん臭い何かが宿っていました。糸の切れた凧のようなものです。どの視点で何を見ようとするのか、立ち位置はどこなのか見失ってはいけないのです。

特別支援教育の問題は「障がい」とは何か？　それは差別やマイノリティの問題であり、同時に「我々をどう救うかという問題」（藤永茂『アメリカインディアン悲史』朝日新聞社）なのです。特別支援学級や特別支援学校の先生方、管理職に問いたいのは「なぜ特別支援教育に携わろうと思ったのですか？」ということです。その答えを掘り下げていけば、自分や社会が抱える問題にたどりつくでしょう。

私が先生になり立ての頃、中学校の普通学級の担任として修学旅行に行き、長崎に宿泊した時のことです。平和学習の一環として、原爆について語り部の方から話を聴きました。溶けて変形した瓦を手に、原爆の悲惨さについて話されました。そして、最後にこう言われたのです。「この話を聴いて中学生の自分に何ができるのか？　と思った人がいるかもしれません。大人でもない自分に何ができるのか、と」そして、こう続けられました。「中学生にもできることがあります。それは『伝えること』です。この話で戦争がいけないと思ったら『戦争はいけない』と言葉に出して言うことができるのです。それが世論になっていきます」。

語り部の方が中学生に向かって熱く話された言葉の一つ一つが、教師である自分に深く突き刺さってきました。伝える勇気、一人でもやる、一人でも止める勇気が自分に問われているのだと感じました。

「人間は解決できることのみを問題にする」と言われます。問題にすることで解決のスタートラインに立つという前提の元に、私の関わってきた様々な事柄を振り返りながら立ち止まり、考えてみました。

障害者差別が法的に禁止され、合理的配慮が求められていることと、特別支援学級、特別支援学校の存在とはどう関係するのか考える機会になれば幸いです。全ての差別や偏見は無知からきますが、同じ場所にいることで解消される可能性があります。

おかしいと思ったことには、それぞれの立場で「ＮＯ」を言いましょう。言ったってなかなか変わりはしませんが、言わなければ絶対に変わりません。キーワードは「勇気」です。私の中の何かが私に「嘘をつくな」と迫ります。

この本では書けることだけを書きました。体罰、隠蔽、セクハラ、天下り……問題にできなかった多くの問題。これらはまた別の機会に譲りたいと思います。

何事もそうですが、諦めた時点で終わります。終わるのは悪いことではありませんが、諦めない人であり続けたいと思います。

これまで私に関わってくれた児童生徒、保護者の皆さん、先生方、関係機関の皆さん、恩師の松田範祐先生、遠くから支えてくださる藤本一司先生、ありがとうございます。そしていつも愚痴を聞いてくれた妻や家族にこの場をかりてありがとうと言いたいと思います。最後になりましたが、終始アドバイスをいただいた現代書館の小林律子氏、山田亜紀子氏に心から感謝致します。

二〇一八年十月八日　自宅書斎にて、虫の音をききながら

成沢真介

成沢真介（なりさわ・しんすけ）

一九六二年生まれ。中央大学卒業、兵庫教育大学大学院修了。特別支援学校教諭。日本支援教育実践学会研究奨励賞、文部科学大臣優秀教員表彰、兵庫教育大学奨励賞などを受賞。

著書に『虹の生徒たち――自閉症・発達障害がある子どもたちを育てる特別支援学校とは？』（講談社）、『自閉症児さとしの一日――物語から学ぶ発達障害』（大月書店）、『マンガ版自閉症　日常生活おたすけじてん――すぐわかるこんなときどーする？』（合同出版）、『気になる子どもが分かる発達障害支援ガイド』（学苑社）、『自閉症・ADHDの友だち』（文研出版）などがある。

先生《せんせい》、ぼくら、しょうがいじなん？

――「特別《とくべつ》支援《しえん》教育《きょういく》」という幻想《げんそう》

二〇一八年十一月十五日　第一版第一刷発行

著　者　成沢真介

発行者　菊地泰博

発行所　株式会社現代書館

東京都千代田区飯田橋三-二-五

郵便番号　102-0072

電　話　03（3221）1321

F　A　X　03（3262）5906

振　替　00120-3-83725

組　版　具羅夢

印刷所　平河工業社（本文）

東光印刷所（カバー）

製本所　鶴亀製本

カバー画　川村智英

装　幀　奥冨佳津枝

校正協力・高梨恵一

カバー画協力・小菅昌子（アトリエ　ルピナス）

 ISBN978-4-7684-3567-0

http://www.gendaishokan.co.jp/